God's Permission

God's Permission

한국상담심리연구원

그분의 생명은 모든 사람에게
질적으로나 양적으로 같아야만 하고
그분의 사랑 역시 모든 이에게 다
같아야 하는 바,
그분의 섭리 또한 반드시
보편적이어야 함이 필수적이다.

– 헬렌 켈러 –

어느 장례식장에 가서 낯선 젊은 목사님과 겸상을 하게 되었다. 처음보는 사이였지만 진리에 대한 대화를 하면서 나는 허용 법칙을 설명하였다. 그 목사님은 무척 신비롭다는 표현을 하면서 더 듣고 싶어했다. 이 책은 그런 고난의 이유를 알고자 하는 분들에게 유익한 책이다. "왜 우리가 사는 세상에는 재난과 갑작스런 사고와 천재지변이 있는 것일까? 하나님이 우리를 사랑하신다면 왜 우리에게 이런 일을 주시는 건가?" 하는 의문에 대한 하나님의 섭리를 다룬 책이다.

사람들은 불의의 사고를 당하거나 어려운 일을 만난 후에 말하기를 "과연 하나님이 살아계시는 걸까? 아니면 나를 버리셨는가? 그렇지 않다면 이 일은 왜 일어났을까?" 이런 의문을 갖는다.

그리고 "하나님은 선하시며 인간을 시험하지 않으신다고 하였고, 회전하는 그림자도 없으실 정도로 선하신 분이신데 왜 내게 이런 일을 주시는 것일까? 사전에 미리 막아 주실 수 있는데 왜 막아 주시지 않는가? 재난, 지진, 내게 닥친 갑작스런 사고는 도대체 어떻게 해석해야 옳단 말인가? 정말로 하나님께서 나를 벌하신 것인가?"

나는 이 문제에 대한 하나님의 뜻을 알고 싶었다. 그리고 이 모든 것속에는 어떤 원리가 숨어 있음을 배우게 되었다. 이에 대해 삼중고를 겪은 미국의 위대한 석학자 헬렌켈러는 "그분의 섭리속에는 반드시 보편적인 면이 필수"라고 말했다.

그러므로 고난의 원인에 대한 보편적인 원리를 알기 전에는 의문이 절대로 풀리지 않는다. 이 책은 그 원리에 대한 책이다. 이 책의 제목인 허용 법칙은 하나님의 섭리를 말한다. 섭리는 너무나 광대하고 인간이 감히 측량할 수 없어서 그 한계를 파악하기 힘들다. 인간이 하나님의 섭리를 이해하지 못하지만 섭리속에는 어떤 큰 목적이 들어있다. 섭리를 통해서 개별적이고 특수한 방법으로 인도하신다는 의미이다.

분명 하나님은 우리가 알지 못하는 큰 목적을 성취하고자 하신다. 그리고 하나님은 그 과정에서 다양한 방법을 사용하시는데, 그 방법 중 하나가 허용 법칙이다. 그러니까 허용은 하나님이 더 큰 목적을 위해 인간의 자유 의지에 의한 선택을 인정하신다는 의미이다.

마치 부모가 아이가 병이 들거나 위급한 질병을 치료하기 위해 병원에서 수술을 하거나 주사를 맞을 때 아이가 고통스러워 울고 있을 때, 부모는 아이가 고생하는 것이 안스럽고 힘들어 보여서 뒤에서 눈물을 흘린다. 그러나 아이를 생각하면 지금 고생은 오히려 약이 될 것이라고 내다보고 눈물을 삼킨다. 그러나 아이의 입장에서는 매우 혹독한 시련이 될 수밖에 없다.

마찬가지로 하나님이 계획하시는 더 큰 목적을 위해서라면 비록 고통스럽더라도 견딜 수밖에 없지 않겠는가?

하나님은 개별적으로나 일반적으로 모든 전체를 다 아시는 분이시다. 그러기에 하나님이 보시기에 우리에게 닥친 고난이 구원을 위해 유익하다고 한다면 그 일을 허용하신다는 의미이다. 주기도문에서는 "뜻이 하늘에서 이룬 것같이 땅에서도 이루어지이다." 하나님은 인간으로 하여금 모든 것이 합력하여 선을 이루시도록 이끄신다. 오늘 당장 끝날 것처럼 단번에 다 하시는 것이 아니라 인간을 인도하시고 이끄셔서 선한 길로 인도하신다.

혹 신앙좋은 어떤 이는 계속해서 "하나님! 나를 아시지요? 아시지요?" 하면서 눈물을 흘리며 기도하였다. 그는 하나님이 아신다는 그 부분이 큰 위로가 되었다. 하나님은 자신을 잘 아시는 분이시기에 지금의 혹독한 시련 앞에서 외면하지 않으시고 반드시 자신을 인도하신다는 확신에서이다.

내가 나를 아는 것보다 나를 더 잘 아시는 하나님! 그분은 선하신 분이시며 천국 문을 활짝 열어놓고 우리를 그 나라에 이르도록 이끄신다는 것이 얼마나 위로가 되겠는가?

고난과 눈물과 괴로움과 한숨이 나오는 세상에서 우리를 가장 잘 아시는 선하신 하나님이 우리를 위해 준비하시고 예비하시고 다스리신다는 사실이 더욱 감사하지 않은가? 그분이 완벽하게 모든 것을 이끄신다는 것이 큰 위로가 되지 않는가?

혹 어떤 이는 말하기를 "나는 하나님께 매를 맞아서 이렇게 질병이 들고 사업이 망하고 자녀들은 잘못되고 이혼을 했어요. 가정이 풍지박산이 났어요. 하나님이 나를 치신 것 같습니다."라고 말하기도 한다.

또 다른 이는 말한다. "우리에게 이런 고난이 온 것이 하나님이 하신 것이 아니고 누가 한 건가요? 하나님이 살아계시다면 그렇게 기도하고 교회에 충성했는데 왜 이런 일이 발생합니까? 내가 당하는 이런 일은 도대체 무엇이라는 말입니까? 지금의 이런 상황은 재난 수준입니다. 가족이 뿔뿔이 흩어지고 병들어 죽고 사업이 망하고 행방불명이 되고 갑작스런 사고를 당했는데 사전에 하나님이 막아 주실 수 있지 않습니까?" 하면서 원망을 한다.

혹 어떤 이는 성경을 가지고 의문을 제시한다. "왜 하나님은 인간이 죄를 지을 때 막아주시지 막지 않으셨나요? 아담과 하와가 선악과 따먹도록 하시고는 먹고난 후에 저주하셨나요? 미리 먹지 말라고 하실 수 있지 않나요? 왜 가인이 아벨을 죽일 때 막지 않으셨나요?"

이 책은 그런 풀리지 않는 질문에 대해 성경속의 진리를 가지고 하나님의 원리를 배우고자 하는 책이다. 성경은 인간의 고난에 대한 보편적인 원리를 소개하고 있다. 우리는 그 원리를 진리안에서 찾아야 한다.

인간의 고난에 대한 보편적 원리를 이해한다고 하면 고난 속에서 숨통이 열리리라! 하나님의 비밀이 크다!

"아! 이런 진리를 그렇게 눈물흘리며 괴로워했던 그 때에는 알지 못했던가? 좀 더 일찍 알았더라면 고난 당할 그때 힘을 내고 용기를 가졌을텐데 말이다. 이제라도 그 하나님의 뜻을 알았으니 감사하다. 이제 앞으로 당하는 고난에 대해 이것은 내게 뭔가를 가르쳐 주시고자 하시는 하나님의 섭리 중의 하나라고 담대하게 말할 수 있게 되었다."

허용 법칙은 인간이 자유 의지로 무엇이든 행할 수 있음을 전제로 한다. 인간의 자유 의지란 선이든 악이든 원하는 대로 선택할 권한을 말한다. 허용 법칙에는 인간에게 이런 자유가 주어졌다는 사실을 기초한다.

그러니까 하나님은 로보트처럼 인간의 권한을 강제하지 않으신다는 의미이다. 문제는 인간이 그 자유를 남용하여 죄를 범한다는 것이다. 그것 또한 인간의 자유의 범위안에 있기 때문에 막을 수 없다. 인간이 죄악을 범하는 데도 안타깝지만 빤히 보고 있을 수 밖에 없다는 말이다. 그리고 저대로 가면 지옥에 떨어질 것 또한 분명하다. 그러나 그것 조차도 어쩔 수 없는 일이다. 인간의 자유 의지 때문이다.

그러나 인간에게 한 가지 희망적인 것은 만일 그가 깨닫고 돌이켜서 진리의 길로 들어서고 선을 행할 수도 있다면 구원의 길로 인도하실 수 있다. 인간에게는 그런 합리적인 능력이 있다. 이또한 인간의 자유 의지가 있기 때문이다.

하나님은 인간의 자유의지로 인한 후유증으로 오는 지옥형벌을 막기 위해서 사전에 미리 장치를 마련하셨다. 이것이 허용 법칙이다.

허용 법칙을 두신 이유는 인간의 깨달음을 위해서이다. 이는 인간에게 주어진 분명한 희망이다. 인간이 깨닫고 돌아서기만 한다면 하나님은 인간을 위해 무궁무진한 복을 마련하신다. 이를 극단적으로 다시 말한다면 하나님의 허용 법칙은 인간이 악을 행함에도 참고 기다리심이다. 인간이 스스로 죄를 깨닫고 악에서 돌아서서 자원해서 하나님을 사랑하고 이웃을 사랑하도록 이끄시어 하나님의 나라에 이르도록 하고자 하심이다.

예컨대, 자비로운 부모는 자식이 잘못된 길을 갈 때, 수차례 권면하여 스스로 깨닫기를 원한다. 그러나 고집을 부려 잘못된 길로 갔을 때 그가 고난을 당한 후에야 정신을 차리고 돌아온다. 그리고 더이상 잘못된 길에서 헤매이지 않는다. 이것이 부모가 자식을 가르치는 허용 법칙의 일환이다. 하나님은 인간을 향해서 허용 법칙으로 끝까지 참고 기다리신다. 인간이 깨닫고 돌아설 때까지 말이다. 그러니까 하나님은 인간의 자유 의지를 파괴하지 않으시고 인간 스스로 자원해서 돌아서도록 하신다. 그렇게 해서 인간이 어떻게 되기를 원하시는가?

첫째는 인간의 겸손이요 둘째는 자원해서 하나님을 사랑함이요 셋째는 깨달음이요 넷째는 악을 미워함이요 다섯 째는 변화된 모습이며 여섯 째는 진리의 길을 걸어감이다.

그러면 허용 법칙의 한계는 어디까지인가? 무작정 고난을 허용하신다면 인간이 도저히 감당치 못할 것이다. 그것은 인간의 악이 선으로 바뀌는 것에 비례하여 허용하신다. 이 말은 인간의 수준을 고려하신다는 의미이다. 하나님은 아주 세밀하고 정확하게 인간의 수준을 측량하신다. 사람이 감당치 못할 시험당함을 허락하지 않으신다. 뭐든지 감당할 만큼, 인간의 그릇만큼이다. 이 말이 얼마나 감사한 일인가! 숨이 목구멍까지 차오를 만큼 고통스럽지만 그 또한 견딜만큼만 허용하신다니 말이다. 이것이 신비스럽고 놀라운 하나님의 오묘한 섭리의 비밀이다.

이렇게 질문할 수 있다. 그러면 지옥에 떨어진 이들은 어떻게 된 건가요? 지옥의 불 못에 빠져 영원한 형벌을 받는 경우는 무엇인가요? 그것에 대한 대답은 영원한 형벌을 받는 것은 하나님의 허용 법칙의 기회를 살리지 못한 자들이다. 그들에게도 허용 법칙의 기회가 주어졌지만 그들은 허용 법칙을 외면하고 깨달음을 포기하고 고집을 부려 자신이 가고 싶은 길로 간 것이다.

그곳의 결국은 지옥이다. 그래서 성경에는 깨닫지 못하면 멸망하는 짐승과 같다고 하였다.

우리가 허용 법칙을 통해서 알게된 것은 하나님은 악이나 형벌을 주시는 분이 아니시며 단지 그것은 허용된 것 뿐이라는 것이다. 또한 하나님은 인간의 모든 것 즉, 일반적이든 개별적이든 모든 것을 미리 아시고 또한 미리 마련하시고 다스린다. 그래서 어떤 것은 허용으로 어떤 것은 묵인으로 어떤 것은 방임으로 어떤 것들은 호의로 어떤 것은 철회로 다스리신다. 너무나 다양하게 셀 수 없는 방법으로 인간을 다스리신다. 하나님의 계획은 기묘하고 놀랍다. 성경을 자세하게 들여다보면 하나님께서 구약의 이스라엘 백성들을 어떤 식으로 인도하시는가를 보면 허용 법칙을 좀 더 자세하게 알 수 있다. 기회가 허락된다면 구약 역사서속에 담긴 허용 법칙과 주님의 인도하심을 배우고 싶다. 그 속에는 보편적인 원리가 담겨져 있다.

어쨌든 분명한 것은 하나님이 다양하게 인간을 향한 계획을 갖고 있는 이유는 인간이 깨닫고 돌이켜서 하나님의 나라에 이르기를 원하시는 목적에서이다.

우리가 허용이라는 단어를 사용해서 하나님의 섭리를 말하지만 사실, 이 단어 조차도 신성한 분에게는 적용되는 개념이 아니다. 그저 그분께서 우리가 이렇게 단어를 쓰는 것조차 허용하실 뿐이다. 인간의 한계를 아시기 때문이다. 그리고 우리 입장을 아시고 진리를 주시기 때문이다.

 그러므로 하나님의 허용 법칙과 인간의 허용 사이에는 그 어떤 개념도 같은 것이 없다. 그만큼 하나님의 섭리는 광대하고 위대하다. 중세 신학자 아타나시우스는 젊어서 신의 존재 증명을 설명하고자 일생에 걸쳐 수많은 노력을 기울였지만 어느날, 주님을 체험한 이후로 이 마저도 쓸모없음을 깊이 깨닫고는 더이상 글을 쓰지 않았다고 한다.

 나도 미약하지만 허용 법칙을 알게된 것이 너무나 감사하다. 아마도 내가 나자신을 살펴 보건대, 내게 닥친 고난에 대해 허용이 없었다면 지금의 이해와 의지가 이정도 수준은 절대로 되지 못했을 것이라고 여겨진다. 당시에는 죽도록 힘들었지만 어쩌면 허용 법칙을 통해서 깨달음을 얻었기에 이정도 사람 구실을 하지 않았을까?

 2019년 무언가 새로움이 밀려올 것같은 가슴 설레이는 한 해를 맞이하게 되었다. 지금, 고난의 원인을 묻는 자들에게 이 책을 선물하고 싶다.

2019년 설에

김홍찬(Ph.D)

서 문
차 례

‖ 참고문헌 ‖

Part01

-

질문

God's Permission

높고! 높은 것을 이야기 하라!
네 입으로부터 고대의 것이 나오게 하라!

Speak What is High! High!

Let What is Ancient Come out of Your mouth.

—삼상2:3—

왜 하나님은 그 당시 눈을 감으셨는가?

하나님은 왜 내가 고통을 당할 때 모른 체 하셨나? 이 말은 약간 원망이 섞인 의문이다. 처절한 고통 중에 있을 때 그런 질문을 해 본 적이 있는가? 인간은 고통의 원인에 대한 대답을 얻고 싶어한다. 성경을 처음 읽거나 이제 막 그리스도인이 된 이들은 이런 질문을 한다.

"하나님은 왜 선악과를 만드셨으며 아담과 하와가 그것을 먹는 것을 보시면서도 막지 않으시고 또 뱀의 꾀임에 빠지는 것을 사전에 막지 않으셨을까? 이뿐만 아니라 가인이 동생 아벨을 죽일 때 왜 막지 않으셨을까?" 하는 질문이다.

사실 성경에 있는 이야기를 빗대어 자신의 고통을 이런 식으로 질문을 하려고 하면 수를 헤아릴 수조차 없을 정도로 많다. 이런 의문은 인생의 문제에 대해 고뇌해 본 자는 한번쯤은 누구나 할 수 있는 질문이고 하나하나에 모두 해답을 얻고자 하지만 미약한 지식으로는 한계에 부딪히고 만다. 그만큼 하나님의 세계는 신비롭기만 하다. 하지만 그 속에는 헬렌켈러가 말한대로 보편적인 원리가 작동한다. 그 원리가 허용의 법칙이다.

 개인적으로 자신에게 닥친 불운한 사고에 대해 그때 만일 하나님이 막아주셨더라면 지금의 이런 고통은 없었을텐데... 왜 하나님은 그 당시에 막아주시지 않은 걸까? 하면서 원망을 하기도 하고 의문을 제기한다.

 정말로 하나님은 그 당시 눈을 감으셨는가? 아니면 나를 버리셨는가? 이런 질문은 살면서 위기나 어려운 일을 당할 때마다 수도 없이 한 질문이다.

 이런 질문은 일문일답식으로 '그건 이래서 그랬던 거야' 하고 시원한 답을 기대하지만 그리 쉽게 나올 수 없다. 그렇게 쉽게 답이 나올 수 있었다면 인생에 대해 깊은 고민은 없을른지 모른다.

 이런 질문은 섭리적 차원의 눈으로 전체를 볼 수 있어야만

24

해석이 되는 질문이다. 작은 부분을 고치기 위해서는 큰 그림을 보아야만 한다. 전체속에 부분이 들어있기 때문이다. 마치 질병을 고치기 위해서는 사람의 몸 전체를 파악하고 있어야만 부분적으로 치료할 수 있는 이치와 같다. 다시 말해서 인생사에서 이해되지 않는 부분은 전체를 보는 눈으로만 이해된다는 말이다.

이를 영적인 의미로 풀어서 말한다면 하나님이 인간을 사랑하시고 보호하시지만 무작정 보호만 하시는 것이 아니라 인간을 향한 어떤 큰 목적을 갖고 사랑하심을 알아야 한다는 말이다.

다시 말해서, 하나님의 목적을 향해 가다보면 인간은 별의별 일을 다 겪게 되고 억울한 일도 당하게 된다. 하지만 결과적으로 볼 때 그 목적에 도달하는 길목에 있는 장애물이 오히려 목적 도달에 유익이 된다. 그 장애물을 거치지 않고서는 그 목적을 이룰 수 없다.

마치 운동 선수가 고된 훈련을 겪어야만 경기에서 우승을 하듯이 인생에도 그런 훈련 과정이 반드시 필요하다.

그러므로 인간의 고통을 문제를 이해하기 위해서는 하나님이 인간으로 하여금 어떤 목적에 도달하기를 원하시고 어떻게 인도하시는가 하는 것을 알아야만 이 질문의 해답을 얻을 수 있다.

만일 하나님은 선하신 분이시며 선한 목적으로 인간을 인도하신다는 확신이 있다면 삶에서 일어나는 불합리한 일들과 억울한 일들도 하나님의 섭리와 인도속에 있음을 이해하게 된다. 만일 하나님의 섭리를 이해한다면 인간 세상에서 일어나는 온갖 비리와 음모, 사기와 불평등, 더러운 죄악도 그나라에 도달하기 위한 필요악으로 여길 수 있다.

누군가 이런 말에 대해 이렇게 반항할 수 있다. "어째서 그런 일들이 하나님의 섭리 가운데 있다고 말할 수 있나요? 그러면 하나님이 우리 인생 여정에 지뢰밭처럼 악을 심어놓으셨다는 말인가요?" 이런 질문에 대해 내가 대답할 수 있는 말은 "천만에! 선하신 하나님이 악을 준비하시지는 않습니다."

내가 대답할 수있는 말은 하나님은 선하신 분이기에 절대로 인간으로 하여금 불행을 겪도록 하시지 않는다는 것이다. 하지만 그 가운데는 반드시 하나님의 섭리가 있다. 인간이 어찌 감히 하나님의 섭리와 뜻을 헤아릴 수 있는가? 나도 역시 악한 마귀가 쏘아대는 불화살을 맞았으며 그로 인해 엄청난 고통을 당했다. 정작 당하는 자의 입장에서는 이것이 하나님의 섭리라고 어떻게 말할 수 있는가? 너무나 고통스러워서 당장 이곳에서 다만 구출되기만을 바랄 뿐이다. 나도 역시 주어진 고난을 하나님의 섭리라고 확신하기 어려웠다.

그저 내가 할 수 있는 일은 눈을 질끈 감고 하나님의 섭리를 기다리며 속에서 올라오는 설움같은 솟구치는 눈물 덩어리를 삼키는 일밖에 없었다. 이렇게 하나님의 섭리는 어느 영성가도 확신할 수있는 말이 아니다. 그저 시간이 흘러서 주님께서 주시는 열매를 기다리는 수밖에는 없다.

나도 역시 하나님께 "어째서 이런 일이 내게 주어졌습니까?" 하고 질문할 때가 있다. 한참을 질문하고 깊은 슬픔에 잠긴 후에 마음속에서 이런 생각이 떠오른다.

"이런 재난과 고통은 하나님이 주신 것이 절대 아니다. 일이 이렇게 된 것은 내 삶의 열매이며 내 죄로 인함이다. 그렇지만 하나님은 합력하여 선을 이루신다"

우리는 하나님을 알되 너무나 피상적으로 알기 때문에 그분의 섭리를 쉽게 이해하지 못한다. 중요한 사실은 하나님은 인간의 자유의지를 강제하지 않으신다는 것이다. 그리고 하나님은 모든 인간이 구원에 이르기를 원하시고 더 큰 구원의 목적을 위해 선으로 인도하신다는 점이다.

내가 알고 확신하는 바는 바로 이것이다. 교통 사고당한 환자에게 의사는 "왜 조심해서 운전하지 못하고 이렇게 사고를 냈습니까?"라고 호통을 치거나 핀잔을 주지 않고 이렇게 말한다.

"이제 치료를 했으니 앞으로 이런 부분은 조심하시고 약을 먹고 건강을 회복하시기 바랍니다."라고 말한다.

이 말은 지극히 현실적이면서 환자에게 무엇이 필요한 지 알고 처방한 말이다. 하나님의 사랑은 이와 같다.

그러므로 하나님의 섭리는 목적적인 관점에서 말할 뿐이지 당장의 위기에 대한 반창고를 붙여주는 식의 간단 처방이 아니다. 그러나 그럼에도 불구하고 이를 알아야 하는 것은 고난에 대해 순응하고 그분의 뜻을 제대로 따르기 위해서이다.

왜 악한 자를 즉각 처벌하지 않으시는가?

인간들은 자신에게 고통을 안겨준 원수에 대해 하나님께 이렇게 한탄한다. "왜 하나님은 저런 짐승만도 못한 뻔뻔하고 더러운 인간을 보시고도 즉각적으로 처벌하지 않으십니까? 나같으면 당장이라도 벌을 내려 응징 할텐데 말입니다. 하늘에서 벼락이라도 내려 쩍! 하고 그 자리에서 쓰러져 죽는다면 하나님이 살아계신 증거를 알텐데 말입니다. 왜 저 원수를 처벌하지 않습니까?"

사실 이런 말은 자신에게 적용한 것이 아니다. 자신이 보기에 원수라고 여기는 누군가에게 적용한 말이다. 아마도 자신이 가해자 입장이라면 그런 말을 하기 어려웠을 것이다.

또 어떤 이는 말하기를 "왜 하나님은 무질서하게 인생을 살며 방탕한 자가 오히려 잘되고, 바르게 살아보려고 하는 자는 왜 그렇게 가난하고 힘들게 살아가는가? 세상은 공평하지 못하고 억울한 자들도 너무 많다. 과연 하나님은 이것을 보시고 왜 가만 두시는 걸까? 너무나 불합리하다. 과연 하나님이 살아계시는가?"라고 말한다.

또 다른 경우에, 음란하고 더러운 짓거리를 하는 자가 성경말씀을 빗대어서 말하기를 "다윗도 범죄하고 모세는 살인자였는데 하나님이 쓰시지 않았는가? 하나님이 나를 특별하게 뽑아서 사용하신다."고 말한다.

이런 식으로 자기 편의대로 막말을 하는 자를 보면 그야말로 역겹다. 이들은 영적 소경들이다. 이들이 성경을 인용하는 것을 보면 어이가 없고 기가 막힌다. 악한 자들은 성경말씀을 자기 이익의 재료로 삼으면서 타인을 공략한다.

또 어떤 자는 불법으로 돈을 벌고 온갖 궤계로 높은 지위를 얻고난 후에 대중 앞에서 말하기를 자신은 하나님께 축복을 받은 자라고 말한다.

그는 말하기를 자신은 뼈대있는 집안의 후손이고 하나님의 선택받은 종이라고 떠들어 댔다. 얼마후 시간이 지나서 그를 되돌아보았을 때 그는 하나님과는 멀어져 있었다.

대중앞에서 겸손한 체 했던 진실한 신앙인의 자세는 찾아볼 수 없었다. 겸손은 이미 사라졌으며 교만하고 이기적인 얼굴 모양을 하고 있었다. 그의 말투를 들어보면 언제나 남을 정죄하고 비아냥거렸지만 정작 그의 모습은 영적으로 무지한 상태에 빠져 있었다.

그가 예전에 한때 비굴하리만치 취했던 겸손의 태도는 전혀 보이지 않았다. 초기에는 어느 위치에 도달하기 위해 별별 수단과 방법을 가리지 않고 노력하였는데, 그렇게 해서 그 위치에 도달하려고 했던 그의 의도는 순식간에 무너져 내렸다. 그가 그 위치에 도달하고자 애쓴 것은 분명하지만 이웃을 섬기려고 했던 것은 절대 아니었다.

그래서 결국 소원을 이룬 다음에는 그만 세속에 파묻혔고 그는 과거를 자랑하며 거드름 피는 일만 반복하였다. 그 위치를 가지고 고급스럽게 꾸미고 허세를 부리는 일에 투자하였다. 그에게 교회 직분은 자만을 드러내는 이용거리가 되고 말았다. 찬송을 부르고 성경을 말하지만 모두 자기 변명이고 똑똑한 체 하는 것에 그쳤다. 그가 목표에 달성하고 나서는 더욱 세속에 빠졌으며 마침내 그는 하나님을 부인하였으며 진리와는 거리가 먼 삶을 살게 되었다.

이런 일들을 보면서 과연 하나님은 저런 놀부같은 인간에게 왜 지위를 허락하셨는가? 하는 의문이 든다.

정말로 인간은 자신이 쟁취한 열매를 가지고 무엇을 위해 사용하느냐를 보면 알 수 있다. 세속에 젖은 사람이 높은 지위를 가지고자 애를 쓰는 이유는 그 목표에 도달해서 자만과 위세를 떨치고자 함이다. 명예는 자신을 높이는 도구일 뿐이다. 그렇게 되기까지 남에게 베풀기도 하고 좋은 일도 할 수 있지만 단지 그것은 그 위치에 오르기 위한 수단에 불과할 뿐이다.

그러므로 목표에 도달한 결과가 더 큰 문제이다. 고로 무엇을 위해 목표에 도달하는 지를 스스로 되물어야 한다. 목표를 어떻게 활용하려고 하는지를 스스로 인식해야 한다.

그러면 선한 자의 목표는 무엇인가? 선한 자는 자신에게 부귀와 명예가 있으면 반드시 선용한다. 즉, 선용의 열매를 맺는다.

성경에는 "좋은 열매를 얻으려거든 좋은 나무를 길러라.

나무가 나쁘면 열매도 나쁘다. 열매를 보아 나무를 알 수 있다."고 말씀했다.

 나무는 존재 자체를 의미하고 열매는 존재에서 나타난 행위를 말한다. 지금 당장 눈으로 보기에는 위선이 너무나 많기 때문에 나무와 열매를 제대로 분간하기는 어렵지만 그럼에도 불구하고 그의 열매는 삶의 원리를 드러낸 것이다.

 거짓 선지자를 분별하는 법은 열매를 보고 안다고 하였다.

 저 세상에서 나무와 열매는 일치한다. 포장지가 뜯겨져 나간 후에 인간의 행위가 악하든지 혹은 선하든지 어느 한쪽에 속하게 된다. 중간이란 없다. 인간의 열매는 눈을 크게 뜨고 보면 행위의 열매로 알 수 있다.

 그런데 왜 하나님은 이런 열매없는 인간, 악행하는 인간을 처벌하거나 막지 않으시는 것일까?

 그것은 하나님의 오래 참으심 때문이다. 하나님은 인간이 자신의 이익을 위해 위선하는 것을 아신다. 또한 탐욕이 가득한 자가 재물과 지위를 이용하여 부귀영화를 누리는 것도 아신다. 하나님은 이 모든 것을 아시지만 오래참고 기다리신다.

그렇다면 하나님께서 참으신다면 그는 벌을 받지 않아도 된다는 말인가? 절대로 그렇지 않다. 죄에는 반드시 그에 따른 형벌이 주어진다. 다만 이 세상에서 벌을 받지 않을 뿐이다. 더러 이 세상에서 벌을 받는 경우도 있기는 하다. 그것은 죄를 드러내서 그가 깨닫도록 하시는 수단에 불과하다. 이것이 하나님의 방법이다.

만일 그가 깨달음을 얻고 돌이킨다면 그는 형벌을 피할 수 있지만 그가 깨달음을 얻지 못하고 돌이키지 않는다면 죽음 이후에 저세상에 가면 혹독한 형벌이 따를 것이다.

이것이 진리가 강조해서 말하는 하나님의 오래 참으심이다. 진정한 형벌은 죽음 이후에 받는다. 저세상의 형벌은 이세상의 것과는 비교할 바가 되지 못할 정도로 혹독하다.

저세상에 가서 그가 품은 악은 변화의 가능성이 없기 때문에 악으로 인한 형벌의 고통은 더욱 더하다.

그러면 잠깐 지옥 형벌에 대해 말하고자 한다. 저세상에서 악한 자들은 그나마 남아있던 위선의 껍질이 벗겨져 악으로 뭉쳐져 버린다. 그가 세상에서 왕이었든지 사장이었는지는 중요하지 않다. 더욱 무서운 것은 그가 세상에 있는 동안 저지른 악은 저세상에 들어와서도 전혀 변하지 않는다는 사실이다. 그러기 때문에 그는 과거의 죄 때문에 처벌받는 것이 아니고 당장의 악 때문에 처벌받는다고 말하는 편이 더 낫다.

인간은 죽음 이후에 갑작스럽게 악에서 선으로 뒤바꾸지 않은 것이 분명하다. 그가 세상에서 가졌던 본래의 모습이 그대로 재연된다.

고로 저세상에서 처벌되어야할 이유는 악의 덩어리로 뭉쳐진 지금의 이상태에서는 그를 조절할 수 있는 방법이 형벌밖에 없기 때문이다. 그가 좋은 말로 알아듣겠는가? 격려하면 선해지겠는가? 지금 그의 속마음은 악의 덩어리이다. 더 이상 법을 두려워 할 일도 명예를 잃을 일도 없다. 오직 악한 본성에서 지옥만을 바라보고 그곳으로 던져질 뿐이다.

이를 무엇으로 알 수 있는가? 인간들은 무의식적으로 느끼기를 저세상에는 형벌이 있다고 여긴다. 무신론자라도 형벌에 대한 두려움을 마음속에 간직하고 있다. 모든 인간은 죽음 이후에 받을 형벌에 대한 두려움을 갖고 있다. 누가 보지 않더라도 살인, 간음, 도적질, 거짓말을 죄로 여기기 때문에 죄를 지은 이후에는 그로 인해 양심의 고통을 피할 수 없다. 형벌에 대한 두려움으로 인간은 죄짓지 않고 살아가는 것뿐이다. 그 이유는 죄에 대해 정죄하는 양심의 소리를 듣기 때문이다. 이런 소리 때문에 처벌의 두려움을 갖는다.

인간은 양심을 어기면 마음이 아프고 죄책감에 시달린다. 또한 마음속에 떠오르는 나쁜 생각에 시달리기도 한다. 우리는 세상에 살 동안에 마음에 품은 어떤 악한 생각 때문에 처벌받지 않는다. 하지만 그것이 행동으로 나타날 때에는 처벌의 대상이 된다.

그러면 왜 저세상에는 형벌이 존재하는가? 그곳에서는 죄인에게 선해질 수 있는 가능성이 존재하지 않기 때문이다. 인간이 새롭게 변화할 수 있는 기회가 없기 때문이다. 그것이 바로 변화가 가능한 지금 이 세상에 있을 때 자신의 말과 행동을 돌아보고 반성해야 하는 이유이다. 이렇게 지옥 형벌을 말하는 이유는 이세상에서 지금 당장 악행을 처벌하지 않으시는 이유가 저세상의 형벌이기 때문이다.

왜 세상에서는 형벌이 지연되는가?

그 이유는 인간에게 자유 의지가 있기 때문이다. 자유 의지는 자유롭게 선택할 수 있는 권한이다. 하나님은 인간의 자유 의지를 파괴하지 않으신다. 하나님께서 인간의 선택권을 존중하시는 목적은 그가 진리를 깨닫고 죽음 이후에 받을 형벌을 피하도록 하시고자 하심이다.

그러므로 세상에서 곧바로 벌을 내리시지 않으시는 것은 인간이 돌이키도록 시간 여유를 주시는 하나님의 배려이다. 다시한번 악에서 돌이킬 기회를 주신다. 이 법칙에는 하나님의 오래 참으심이 담겨 있으며 이 세상에 살고 있는 모든 인간에게 적용된다. 악한 자나 선한 자 모두 다 적용된다.

왜 전쟁과 약탈을 허용하시는가?

지구 곳곳에는 전쟁으로 인해 참혹한 고통이 있다. 전쟁과 테러로 폭력, 약탈, 무차별의 살상이 일어난다. 전쟁으로 광분하는 인간들의 모습을 보면 인간이 짐승이 되었다는 느낌과 함께 어쩌면 저럴 수 있을까? 하는 의문이 든다. 왜 하나님은 이런 참상을 보고만 계시는 걸까?

고대로부터 인간들은 남을 지배하려고 전쟁을 일으켰다. 남의 영토에 침입해서 재물과 노동력 혹은 아녀자를 빼앗는 일을 하였다. 이것을 힘의 과시로 여겼다. 전쟁을 일으킨 자들은 힘으로 약한 나라를 침범해서는 수많은 인명 피해를 주고 재물을 빼앗거나 사람을 노예로 만들었다. 이들은 이렇게 하여 영웅이 되는 것을 즐겨했다. 전쟁과 약탈로 인한 피해는 엄청난 비극을 가져온다.

하나님은 왜 전쟁과 약탈을 허용하셨는가?

하나님은 모든 인간이 이성을 가지고 양심에 의해 행동하기를 원하시기에 인간의 자유 의지를 무시하지 않는다. 인간들로 하여금 스스로 선택하도록 기회를 주셨다. 그런데 인간들은 욕심을 채우고자 소유를 위해서 크고 작은 싸움을 벌인다. 싸움을 일으키는 자는 살인, 약탈 등 잔인한 짓을 저지른다.

인간이 이성을 잃어버리면 사나운 짐승처럼 돌변한다. 인간이 짐승이 되지 않으려면 어떻게 해야 하는가?

인간이 짐승처럼 되지 않으려면 반드시 깨달음이 필요하다. 깨달음 없이는 사람으로 살아갈 수 없다. 깨닫기 위해서는 각자가 자신의 현실을 직시하고 마음속에서 올라오는 양심의 소리에 귀를 기울여야 한다. 편안하고 안락한 상황에서는 그런 소리가 잘 들리지 않는다. 오히려 고난 속에서 깨달음이 주어진다. 그래서 고난이 유익하다고 하는 것이다.

고난 없이는 스스로 깨닫기 힘들기 때문이다. 하나님께서 인간에게 고난을 허락하시는 이유는 깨닫고 돌이키도록 하기 위함이다. 하나님께서 전쟁과 같은 고난을 허용하시는 이유도 여기에 있다. 고난을 통해서 악에 빠진 인간이 새로워지기를 원하시는 것이다.

세상에 사는 동안에 인간이 깨닫지 못하고 죄에 머물게 되면 이는 지옥 감옥에 갇혀있는 것과 같다. 반면에 죄를 깨닫게 됨은 어두움에서 빠져나오는 것과 같다. 그가 깨닫지 못하고 죄가운데 계속 머물게 된다면 하나님과는 적대관계에 놓일 수밖에 없다.

전쟁과 같은 극단적인 재난도 하나님의 섭리속에 있다. 그런 위급한 상황에서 인간은 자신의 죄악을 깨닫고 어두움에서 스스로 빠져 나오고자 노력하게 된다. 전쟁의 위기속에서 굶주리고 가족을 잃어버리고 집이 불타고 질병이 가득하고 포로수용소에 갇히는 상황을 맞이한다. 그때는 죽음의 위기를 겪고 처절한 절망감을 느낀다. 어느누구도 의지할 수 없는 긴급한 위기를 만난다. 이때 인간은 자신의 유약함을 알고 하나님께 도움을 청한다. 전쟁을 허용하시는 이유는 위급한 상황에서 죄를 깨닫게 하시려는 하나님의 섭리이다.

40

서로 나누기

● 인간이 협박과 형벌로 거듭날 수 있는가?

 강요로 믿음을 갖도록 할 수는 없다. 강요한다고 억지로 사랑할 수 있겠는가? 그 이유는 인간에게는 자유의지가 있기 때문이다.

 혹, 어떤 이는 지옥을 두려워 하는 자가 있다. 지옥이 두려워서 교회에 나오고 예배를 드리는 자도 있다. 하지만 진정으로 속사람은 공포와 두려움으로 강요당하지 않는다.

 강요에 의한 신앙은 생명이 없고 어둡고 서글픈 것이다. 생명이 없다는 말은 사랑이 없기 때문이고 어두운 것은 지혜가 없는 것이고 서글픈 것은 천국의 기쁨이 없는 증거이다.

 진정한 신앙은 자원하는 마음에서 올라오는 것이다. 이는 순수한 마음에서 올라오는 것이기에 생명이 있고 밝고 기쁘다.

 생명이 있는 것은 사랑이 있기 때문이요, 밝은 것은 지혜가 있기 때문이요, 기쁜 것은 천국이 있기 때문이다.

 생각해 보기

- 인간에게 재난과 고난이 있는 이유는 무엇인가?
- 선한 자의 삶의 목표와 악한 자의 삶의 목표는 무엇이 다른가?
- 형벌 지연의 이유는 무엇인가?
- 전쟁과 약탈을 허용하신 이유는 무엇인가?
- 모든 재난은 깨닫고 돌이키도록 섭리되어 있는가?

Part02
–
허용 법칙

God's Permission

허용의 법칙은 무엇인가?

허용의 법칙은 인간의 죄악를 보시고 깨닫고 돌이킬 때까지 오래 참으시고 섭리하시는 신(神)의 법칙이다. 예컨대, 부모는 자식의 하는 짓이 지금 당장에는 마음에는 들지 않지만 스스로 깨닫기까지 참고 기다린다. 아직은 어리고 미숙해서 그런 줄 알고 좀 더 두고 보면서 달라지기만을 기다린다. 하나님의 경우에도 마찬가지여서 이 세상에 살아가는 인간이 질서를 어기고 제 멋대로 살아갈 때 단번에 처벌하지 않으시고 인간의 변화를 위해 끝까지 참으신다. 이것이 하나님의 배려이다.

그 이유는 더 큰 목적을 위해서이다. 다시 말해서 인간이 그분의 기준에 맞지 않는 행위가 발견되었을지라도 큰 목적을 위해 참고 기다리시는 것이다. 이렇게 보면 그분의 인내가 놀랍고 경이롭기만 한다.

허용이라는 말은 '참다 혹은 맡긴다'와 같은 의미이다. 성경에는 하나님의 오래 참으심으로 표현하기도 한다. 인간의 유익을 위해 당장의 처벌을 보류하는 것을 말한다.

그러므로 허용의 법칙은 악을 행하는 자나 피해를 당하는 자 모두에게 악에서 빠져 나올 수 있는 기회를 주기 위함이다. 인간은 자신이 악의 구덩이에 빠져 있으면서도 죄를 짓는다고 여기지 않는다. 그 이유는 죄는 쾌락을 가져다주기 때문에 깨달음을 막아버리기 때문이다. 다시 말해서, 정욕이 가득한 자는 그 즐거움에 도취되어 버린다. 그래서 정욕의 불이 꺼지기 전까지 그 즐거움에 빠져든다.

그는 주변에서 아무리 충고를 해도 그 소리를 무시하고 오히려 자신의 정당성을 주장하기 바쁘다. 악에 빠진 자들의 모습이다. 시간이 흘러 고난의 풍랑이 밀려오고 환란의 바람이 불 때 자신의 한 짓이 드러나고 가면이 벗겨질 때야 제정신을 차리는 경우가 많다.

어떤 사람이 자신이 하는 일이 죄이고 잘못되었음을 알면서도 그는 돌이키지 않았다. 그는 음란했고 더러운 짓거리를 자행했다. 주변에서 그에게 충고를 하고 지적을 했으나 오히려 변명을 하고 겉으로 포장하는 일을 반복하였다.

그는 자신의 행위에 대해 고치려는 의도가 없었다. 그는 자만에 깊이 빠져 있었다. 그는 비밀리에 자신의 행위를 계속했기 때문에 들키지 않았고 누군가가 자신에게 조금이라도 비위를 거스리는 말을 하면 오히려 싸우자고 달겨 들었다. 그리하여 그는 주변인들과 싸움이 쉬지 않았다.

그가 그런 악행을 계속할 수 있었던 것은 하나님이 그에게 당장 벌을 내리지 않았기 때문이다. 만일 하나님이 그를 향해서 인내심을 멈추셨다면 아마도 그에게는 어떤 엄청난 일이 벌어졌을 수도 있었을 것이다. 그러나 하나님은 허용의 법칙으로 인해 잠시 처벌을 보류하셨던 것이다. 그리고 더 큰 악이 벌어지지 않도록 현재 행하는 작은 악을 허용하셨다. 다만 그가 지금의 상황에서 깨닫고 회개하기를 원하신다.

허용의 법칙은 그에게 더 큰 사건이 다가오는 것을 막은 셈이다. 그런 와중에서 그는 재정적 위기와 질병의 고통이 찾아왔다. 그는 가난하게 되었으며 무슨 일이든 해서 돈을 벌지 않으면 안되는 위기에 처하게 되었다. 거친 고통의 풍랑 속에서 그는 자신의 잘못이 생각났다. 그리고 그는 하나님께 이렇게 기도하였다. "하나님! 한번만 저를 불쌍히 여겨 주세요. 나의 죄를 용서하시고 나를 환란속에서 건져 주옵소서. 내가 내 죄를 깊히 회개합니다."라고 부르짖었다. 그는 자신의 잘못을 고통속에서 깨닫게 되었다.

하나님은 더 큰 목적을 위해 그에게 질병을 허용하셨다. 하나님이 질병을 주신 것이 아니고 다만 허용하셨다. 그에게는 벌을 하기 보다는 하나님의 인내하심이 필요했음을 하나님은 아셨다. 오히려 질병을 허용해서라도 죄를 회개할 기회를 제공하신 것이다.

둘째로 인간에게 허용 법칙이 필요한 이유는 인간 스스로도 판단하지 못하기 때문에 악이 겉으로 드러나도록 하시기 위함이다. 악이 외부로 드러나면 그는 수치심과 두려움으로 떨게 되고 죄에서 떠날 수 있는 기회가 주어지기 때문이다. 하나님은 죄가 드러날 때까지 참으시면서 기회를 주신다.

지난날을 돌이켜 보라. 하나님께서 인도하셨던 일들이 있지 않았는가? 당시에는 그것이 하나님의 방법이라고 생각하지 못했지만 시간이 지나고 보면 모든 것이 하나님의 섭리였다는 사실을 알게 되는 경우가 있다.

 그래서 인간들은 말하기를 "모든 것이 다 하나님의 은혜입니다" 라고 고백하기도 한다. 인간이 깨닫고 악에서 벗어나게 하시려고 하나님은 이 모양 저 모양으로 인간을 연단하신다. 인간은 시련을 당할 때 그때서야 스스로 생각하게 되고 반성을 한다. 사실 하나님에게는 그 방법이 무수하게 많다.

 과연 그렇게 하나님께서 참으실 정도로 인간의 죄가 그렇게 질기고 단단한가?

 인간은 겉으로 보면 아무 문제없어 보여도 마음속에 간교함과 완악함, 속임수, 탐욕이 머물러 있다. 이런 것이 마음속에 머물러 있으면 절대로 천국에 이를 수 없다. 어떻게 천국에 악을 품고 들어갈 수 있는가? 이를 제거해야만 천국에 들어갈 수 있다. 이를 제거하기 위해서는 먼저 악의 정체가 그 모습이 드러내야만 한다.

 악은 먼지와 같아서 어느새 옷깃에 달라붙는다. 인간은 악에 머물러 살지만 그 먼지를 털어내야만 한다.

그러나 악한 자가 갖고 있는 죄와 선한 자가 갖고 있는 죄는 질적으로 다르다. 악한 자의 죄는 변질된 의도를 가지고 있으며 자신과 상대방을 파멸에 이르기까지 작동한다. 이런 악은 그 모양이라도 버려야 하며 혹독하게 다루지 않으면 절대로 물러나지 않는다. 거머리처럼 단단하게 붙은 죄는 쉽게 떨어지지 않는다. 그것은 깊이 굳어진 때와 같아서 진리로 깨끗하게 씻어내지 않으면 물러나지 않는다.

하지만 선한 자가 가지고 있는 죄는 다르다. 그것은 먼지와 같아서 털면 곧 날라 간다. 그 이유는 어느정도 의도의 순수함이 들어 있기 때문이다. 어떻게 죄악을 떨어낼 수 있을까?

혹시 누구라도 자신 안에서 정욕을 지각했다면 이미 악이 진행하는 상태임을 알라. 지옥은 인간에게 정욕의 얼굴을 하고 기분좋게 다가온다.

마음속 정욕이 밖으로 드러나야만 정욕을 제거할 수 있다. 이렇게 정욕이 밖으로 드러나야만 하는 이유는 자신의 정욕을 보고 정욕이 얼마나 큰 지를 알 수 있기 때문이다. 고로 하나님은 정욕이 밖으로 드러나는 것을 허용하신다. 인간이 정욕으로 인해 온갖 죄를 짓고 못된 짓을 하여 주변에 피해를 주었다는 사실을 알게 되었을 때는 이미 정욕이 외부로 그 모습을 드러낸 것이다.

근래에 위압에 의한 성폭력으로 인해 사회적 지탄의 대상이 되는 이들을 보게 된다. 그들의 죄악이 온 천하에 드러난 셈이다. 그는 뒤늦게 후회했지만 아무 소용이 없다. 그가 이렇게 생각할 수 있다. "하나님이 그때 나를 죄를 짓지 못하도록 막아주시지 왜 내가 죄를 짓도록 내버려 두었을까? 그때 나를 막아주셨더라도 지금 이런 꼴을 보지 않았을텐데.."

하나님은 인간이 죄를 지을 때 그의 자유 의지를 막지 않으신다. 그는 자신의 선택으로 죄를 짓게 되는데 그 결국은 정욕적 파국이다. 하나님이 그를 사전에 막지 않으심은 허용 법칙 때문이다.

마음속 정욕이 외부로 드러나서 자신의 악을 보게 하기 위함이고 그리고 그 악을 몰아내기 위해서이다. 다시 말해서 인간의 정욕을 밖으로 드러내서 인간을 깨끗하게 하기를 원하시기 때문이다.

그러면 어떤 과정으로 정욕이 밖으로 드러나는가?

우리가 음식을 먹을 때 먼저 음식을 보고 냄새를 맡아서 입에 집어 넣는다. 그리고는 이빨로 으깨고 목구멍으로 삼키게 되면 음식은 위에 들어간다. 그 다음에는 그 음식은 또 한번 으깨지고 부숴져서 피가 되고 살이 된다. 음식이 피가 되고 살이 되는 것은 감각적으로 느껴지지 않는다.

인간의 마음도 이와 같다. 인간이 처음에는 정욕의 쾌락을 느끼고 행동을 취하여 죄악을 범한다. 그것이 시간이 지나면서 음식물이 피가 되고 살이 되는 것처럼 정욕이 마음에 익어버려서 하나의 삶의 패턴이 되어 버린다.

그렇게 되면 인간은 자신의 정욕이 하나의 일상적 삶이 되고 자신도 모르는 사이에 악이 굳어진다. 결국 그에게는 천국의 희망이 사라진다. 하나님은 그가 죄악이 굳어져 가는 것을 아신다.

그러면 삶의 정욕이 몸에 체득되어 열매가 되어 나타났다면 어떻게 되는가? 자신도 모른 사이에 살이 찌어 뚱뚱해져 버린다. 음식을 너무 많이 먹어서 외부로 증거가 나타난 것이다. 그러면 다이어트를 해야 한다. 그것은 누구나 알고 있는 사실이다. 먹는 것을 줄이거나 금식을 해야 한다. 영적인 의미에서 이 말은 죄악을 멈추어야 한다는 말이다. 더 이상 삶에서 악이 굳어지기 전에 말이다.

 본인이 뚱뚱한 것을 알았다면 이제는 스스로 노력하는 자세가 필요하다. 만일 인간이 음식물을 계속적으로 먹어도 뚱뚱해지지 않는다면 어떻게 음식물을 줄이려고 시도하겠는가? 몸이 너무 비대해져서 이러면 안 되겠다고 반성하는 자세를 가지고 있을 때만이 그가 음식물을 줄이지 않겠는가? 마찬가지로 인간이 악의 열매가 드러난 것을 알게 될 때 자신의 잘못을 고치려고 들 것이다. 그러기에 하나님은 비밀리에 숨겨진 악의 열매가 드러나도록 허용하신다. 이대로 가다가는 목숨을 잃을지도 모르니까 말이다.

억제수단

 인간은 선천적으로 하나님의 뜻에 반대되고자 하는 경향성을 지니고 있다. 죄의 경향성은 인간으로 하여금 자만과 이기심에 빠져들게 만든다. 인간에게는 부모로부터 물려받은 유전악이 있다.

이로인해 이기심을 가지고 남을 지배하고자 한다. 유전악에 의해 살아감은 거듭나지 않고 본성대로 살아가는 것을 말한다. 결국 인간은 파멸을 향해 달려 간다. 하나님께서 인간의 행동을 사전에 미리 예방해줄 수 없는 이유는 인간의 자유의지와 모순되지 않도록 하기 위해서이다.

하지만 주님의 섭리는 인간의 행동을 어느 한도까지 한정지어 준다. 더이상 범위를 넘어서면 영원히 헤어나오지 못할 구덩이로 뛰어들어가기 때문이다. 이 한계가 악의 허용이다. 하나님은 섭리로써 악을 허용함으로 더 큰 악으로 빠져 들지 않도록 하신다.

그러므로 허용 법칙은 악을 인정해 주는 차원이 아니라 억제 수단이라고 할 수 있다. 더이상 죄를 방치할 수 없다는 하나님의 의지 작업이다. 더 큰 악을 방지하기 위해 작은 악을 허용하시는 것은 악의 억제 수단이다.

악을 허용함으로 악으로 악을 방지하게 되는 원리이다. 다시 말해서 하나님의 섭리는 악한 자인 경우 악은 허용하셔서 악이 드러남으로 악에서 물러나도록 하시고 선한 자인 경우 선으로 인도하신다.

허용 법칙과 섭리

허용 법칙은 하나님이 악을 허용하신다는 의미이다. 선뜻 생각하면 하나님이 악을 허용하셨다는 말을 이해하기 어렵다. 하지만 인간의 영혼 구원을 위해서 혹은 더 큰 악을 예방하기 위해서 필요한 부분이다. 그런 관점에서 허용 법칙은 큰 차원에서는 하나님의 섭리 안에 들어 있다. 그러므로 허용의 법칙과 섭리는 결국 같은 것이다.

하나님께서 허용하신다는 말은 하나님이 원하신다는 의미가 아니라 강제적으로 막을 수 없다는 의미이다. 하나님께서 강제하시지 않는 이유는 인간의 선택 때문이고 크게 말해서는 구원을 위해서이다. 구원의 목적을 위함은 섭리와 일치한다.

인간의 입장에서 볼 때 하나님의 섭리는 어떤 목적을 향해서 움직이기 때문에 때로 인간의 의지와는 반대로 움직이기도 하고 또한 쉬지 않고 운행한다.

하나님의 섭리는 영혼 구원이라는 목적를 위해 역사하는데 매 순간 또는 매 단계에서 인간이 그 목적에서 벗어난 것이 감지되면 섭리의 법칙은 첫사랑을 잃어버린 것을 되찾는 데서부터 시작한다. 그래서 인간들로 하여금 악에서 멀어지고 선을 향해 가도록 인도하신다. 죄악에서 멀어지도록 하시고 선에 가까이 이르게 하는 것이 섭리의 목적이다.

고로 섭리는 인간의 마음을 인도해서 삶의 방향을 잡도록 기획되어 있다. 이런 일을 위해서는 부득불 악의 시험과 시련을 허용할 수밖에 없다. 그렇다고 인간이 백프로 선한데 악의 시험이 다가온다는 말은 아니다. 악의 원인 없이 악이 허용되는 것은 아니다. 하나님은 인간이 조금이라도 악에서 벗어나기를 원하시고 더 큰 악이 오는 것을 막기위해 고난을 허용하신다. 그러니까 허용 법칙에는 무궁하신 하나님의 자비로운 진리가 들어있는 것이다.

무엇을 허용하시는가?

주님은 우리 인간에게 시험을 허용하신다. 시험은 우리의 원리가 건전한 지 혹은 그렇지 않은 지를 테스트 해준다.

시험은 진리를 납득하는 정도에 따라서 주어진다. 다시 말해서 어느 정도 선에 대한 인식이 없으면 시험도 없다는 말이다. 그 이유가 시험은 본질적으로 선과 악 사이의 싸움이기 때문이다. 악은 언제나 거짓을 수단으로 선을 몰아내려고 하며 반면에 선은 진리를 수단으로 악의 방어에 나선다.

고로 시험이 있다는 말은 어느정도 진리가 작동한다는 말이다. 진리를 기반으로 인간은 더욱 순수해지고 완전해진다. 시험을 통해서 내적 원리를 담는 그릇이 되는 것이다. 시험은 한마디로 선택 과정이다. 주님의 계명이나 뜻을 앞에 두고서 실천할 것인가 말 것인가에 대한 마음이 올라온다. 이런 욕구는 도대체 어디서 오는 것인가?

자연과학자나 심리학자는 이것이 자연스러운 것이라고 말하지만 욕구속에는 좋은 것과 나쁜 것이 셀 수 없이 많이 들어 있음을 알아야 한다. 인간의 다양한 욕구는 마치 통속에 침전되어 있는 찌꺼기와 같아서 이리 저리 휘저으면 수면에 떠오른다. 욕구를 자극하면 금새 의식 한가운데로 떠오르게 된다.

이런 자극제는 천국 혹은 지옥으로부터 온다. 주님께서는 이를 두고 바람으로 표현하셨다. 주님은 니고데모에게 "바람이 임의로 불어오는데 정작 바람을 맞는 사람은 어디서 오는 지 알 수 없다"고 말씀하셨다(요3:8).

이렇게 욕구는 잔잔하던 갈릴리 바다에 광풍이 몰아치는 것처럼 사납게 다가오기도 한다. 풍랑을 맞게 된 제자들은 광풍으로 인해 죽음의 위협을 느꼈다. 그때 주님은 바다위로 걸어오셔서 풍랑을 향해 잔잔하라고 명령하셨다.

그러자 바다는 고요해졌다. 주님은 거센 풍랑 한가운데서 물속에 빠진 베드로의 손을 잡아서 일으켜 주신다. 즉, 천국과 지옥의 바람 사이에서 균형을 유지하도록 인도하신다.

 그리고 인간의 한계를 초과하는 시험이 오지 않도록 보호하신다. 과부하가 걸리지 않도록 하신다. 그래서 인간이 자유 의지를 가지고 자유롭게 선택하도록 인도하신다.

 이를 두고 바울은 말하기를 "사람이 감당할 시험 밖에는 너희가 당한 것이 없나니 오직 하나님은 미쁘사 너희가 감당하지 못할 시험 당함을 허락하지 아니하시고 시험 당할 즈음에 또한 피할 길을 내사 너희로 능히 감당하게 하신다"고 말하였다(고전10:13).

 가끔 인간들은 자신은 믿음이 약해서 어쩔 수 없이 시험에 넘어졌다고 핑계한다. 사실 이 말은 답변이 될 수 없다. 어쩔 수 없이 넘어지는 상황은 없다. 모두 자신의 선택일 뿐이다. 인간이 눈에 보이지 않는 선한 영향력과 악한 영향력 둘 중 하나를 선택한 것뿐이다.

 인간들은 언제나 마음속에 영향력을 주는 영적 세력 한가운데 있다. 선한 영적 세력과 악한 영적 세력 중에서 어느 하나를 선택해야만 한다. 마음으로 이들의 영향력을 느끼며 그들의 소리를 듣는다.

다시 말해서 인간은 내면에서 임의로 올라오는 좋고 나쁜 생각과 느낌에 대해서는 어쩔 수 없다. 그러나 이렇게 생겨난 생각과 느낌을 어떻게 할 것인지에 대한 책임의 소지는 분명 자신이다. 새가 머리 위로 날아가게 하는 것은 어쩔 수 없지만 새가 머리에 둥지를 틀게 한다면 그에 대한 책임은 자신이다.

선한 자나 악한 자 모두 마음속에 분노, 미움, 시기심, 앙심, 탐심 혹은 자만심이 올라온다. 악의 욕구를 따르고 기쁨을 느낀다면 그것은 자신의 것이 된다. 반대로 악의 욕구가 올라올 때 단번에 거절하고 선의 욕구를 따른다면 그것도 자신의 것이 된다. 이로써 선한 자와 악한 자가 나뉘게 된다. 주님은 이렇게 선택을 허용하셨다.

주님께서는 선택을 위해 인간에게 시험을 허용하셨다. 만일 우리가 선한 자가 되어 선한 나라에 이르고자 한다면 반드시 선을 선택해야만 한다. 악을 선택하면 악의 나라에 도달하기 때문이다.

확실하고 명확하게 선을 선택하지 않으면 선을 영원히 자신의 것으로 만들 수 없다.

중요한 원리는 둘 사이를 분별해야 한다. 무엇이 선인지 악인지를 선택해야 한다. 선을 보지 못하면 선을 선택을 할 수 없다. 마찬가지로 악을 보지 못하면 악을 거절할 수도 없다.

하나님은 왜 인간에게 선택에 의한 삶을 살게 하셨을까?

더 높은 차원의 선을 선택하도록 하기 위함이다. 예컨대, 힘든 운동을 열심히 해나가면 근육이 단련되듯이 인격도 더 깊은 악에 노출됨에 따라 선의 근육이 발달되며 강건해진다. 그렇다고 일부러 시험을 받을 필요는 없다. 왜냐하면 우리는 스스로의 약점을 알지 못하고, 오직 주님만이 우리가 악과 싸울 준비가 되어 있는지를 아시기 때문이다.

그래서 주님은 우리에게 "시험에 들게 마옵시고 다만 악에서 구하여 주옵소서…"라고 기도하라고 하셨다.

때가 되어 주님이 허용하시는 시험이 오게 된다면 우리는 시험에 정면으로 맞서야 한다.

또한 주님께서 시험을 위해 준비해 두신 모든 수단을 동원해서 시험을 극복해야 한다. 주님께서 40일 간을 단식하시면서 받으신 광야 시험은 그분이 지상생활 시작부터 마지막까지 극복해 가셨던 모든 시험을 상징한다.

61

광야에서의 시험은 요단강에서 세례 직후 즉각적으로 수행되었다. 주님의 세례는 주님께서 입으신 인성의 정화를 의미한다. 인성이 정화됨으로 신성의 힘이 인성에 미칠 수 있게 되었다. 이것은 우리의 영적 성장에서도 적용된다.

시험하는 자는 "악마 혹은 사탄"으로 불린다. 이 용어는 지옥에 있는 악에 속한 모든 힘을 함축한 것이다. 그리고 거짓에서 오는 모든 힘은 "사탄"이라는 말에 함축되어 있다.

주님께서 겪으신 세 가지 시험은 세 가지 삶의 시험을 의미한다.

첫째 시험, 돌을 빵으로 만들어서 굶주린 배를 채우라는 것은 육체적이고 물질적인 자연적인 차원의 자기 만족을 뜻한다. 모든 힘의 근원이신 하나님을 믿지 않는 상태이다. 돌을 빵으로 만들라는 사탄에게 하신 주님의 대답은 인간은 영적인 존재라는 것과 영적 성장을 이루지 못하면 진실된 삶을 영위할 수 없음을 말씀하신다.

두 번째 시험, 성전 꼭대기에서 뛰어내리라는 시험은 자만의 시험이다. 성전은 교회를 상징한다. 따라서 성전 꼭대기에서 뛰어 내린다는 것은 진리를 따르려는 노력없이 높은 상태로부터 낮은 상태로 단번에 이르는 것을 뜻한다. 자신이 그럴 자격이 있다고 여기고 특별 대우를 받고자 하는 것이다. '내가 지식이 있고 교회 일에 열심이니까 주님께서 나를 특별하게 대우해 주실 거야.'와 같은 이기적이고 교만한 생각을 갖는다면 두 번째 시험이 온 것이다. 이에 대해 주님은 "주 너희 하나님을 시험치 말라"고 말씀하셨다.

우리는 자신도 모르게 지적 자만에 빠져서 성전 꼭대기에 서 있을 수 있다. 자신은 목사 직분이 있고 남들을 가르치고 있으니까 특별한 존재라고 여긴다. 그러나 자만은 '아차!' 하는 순간 아래로 떨어질 수 있는 매우 위험한 상태이다.

그러므로 의지를 가지고 악과 대항하여 싸우는 선택을 해야 한다. 자신에게 악이 있음을 분명하게 보고 느끼고 있어야만 주님께서 도와주실 수 있다.

세 번째 시험은 이기심의 시험이다. 인간은 모든 매사에 자아를 우선하는 경향이 있다. 인간은 언제나 자기중심적이다. 이런 시험은 사탄에게 절하는 것에 해당된다.

태어나면서 갖는 이기심 속에는 악한 영이 좋아하는 악과 거짓이 가득하다. 만일 우리가 이기심을 사랑할 경우, 선한 원리를 버리게 될 것이다. 그러므로 이 말을 명심하라. "인간이 가진 모든 것은 곧 그의 생명이 된다."

 이기심은 마치 독을 품은 뱀의 머리와 같아서 이기심을 버리지 않으면 천국에 이를 수 없다. 삶의 중심에 자아가 있게 되면 악에게 마음 문을 열어 주는 꼴이 된다. 그것은 지옥의 지배를 받는 지름길이다.

 그러므로 먼저 자기를 부정하고 주님께 순종함으로써 구원을 성취해야 한다. 즉, 주님이신 하나님을 경배하고 다만 그 분만을 섬겨야 한다. 주님은 마귀에게 시험을 받을 때 성경 말씀으로 이기셨다.

 이는 주님께서 시험에 대처하는 가장 올바른 길을 우리에게 보여 주신 것이다.

 주님께서 성경을 인용하신 것은 우리에게 두 가지 교훈을 주신다. 하나는 그동안 우리가 겪은 크고 작은 시험이 별로 대수롭지 않게 여겼는데 사실은 아주 중요하다는 것이다.

 왜냐하면 크고 작음에 관계없이 시험은 시험이다. 모든 시험은 공통적으로 주님의 말씀과 마귀의 유혹 가운데서 유혹을 이기고 주님을 선택하는 것이다.

다른 하나는 성경에서 답을 찾아야 한다는 것이다. 성경말씀 만이 주님께서 우리 마음에 들어오시는 통로이다.

말씀은 천사들이 오르락내리락 하는 야곱의 사다리와 같아서 마음이 꼭대기에 계신 주님께 올라가고 주님의 진리가 가장 낮은 곳에 있는 우리에게로 내려오는 통로가 된다.

즉, 진리를 통해서 하늘과 땅이 연결된다. 야곱의 사다리는 우리 마음속에 들어있는 말씀에 해당된다. 그러므로 우리가 시험을 이기기 위해 말씀을 인용하면 사다리를 세우는 것이다. 그때 비로소 주님과 천사로부터 오는 평화와 기쁨을 느끼게 된다.

이러한 상태를 두고 "마침내 악마는 물러가고 천사들이 와서 예수께 시중들었다"라고 한다.

영적 유익을 위해서

주님의 관심사는 우리의 영혼이다. 그 이유는 영원한 나라에 영혼이 도달하기 때문이다. 영혼이 문제가 된다면 지옥에 떨어지고 영혼이 생명을 얻는다면 천국에서 살게 된다.

주님께서 인간을 보실 때 영적인 면에서 방해가 되지 않는다고 한다면 얼마든지 물질적인 번영과 건강을 주시고 영적인 면에 유익이 된다면 고난도 허용하신다.

인간에게 고난이 필요한 이유는 첫째로, 고난을 통해서 자신의 잘잘못을 점검할 기회를 갖기 때문이다. 인간이 고난을 받으면 그로 인해 인격이 성숙해진다. 영적인 힘과 이해심 그리고 동정심이 고난 속에서 발달하기 때문이다.

예컨대, 부모들은 자녀에게 제대로 된 삶의 습관을 위해서

훈계를 한다. "너는 매사에 성질이 급하고 조심성이 없으니 매사에 차분하게 생각하면서 일을 하라" 등의 훈계를 수없이 반복하여 일러준다. 부모는 혹시라도 일어날 일에 대해 대처법을 자녀에게 일러주지만 자녀들은 그것에 전혀 관심이 없다. 그리고 마침내 큰 실수를 하게 된다. 그때 가서야 크게 후회를 하는 경우가 있다.

마찬가지로 주님의 제자들도 주님의 말씀을 듣기는 했지만 명심하지 않았다. 진리를 가르쳐 주어도 그들이 이해하지 못했다. 그들은 시험을 통해서 비로소 주님의 말씀을 깨닫게 되었다. 그런 면에서 고난은 진리를 깨닫지 못해서 오는 시험이라고 할 수 있다.

둘째로, 하나님의 일을 위해서이다. 나면서 소경된 자에 대해 제자들은 주님께 이런 질문을 했다. "질병이나 갖가지 신체적 장애 또는 불운으로 인해 받게 되는 고통이 당사자나 부모의 죄에 대한 형벌때문입니까?" 라는 것이다.

주님은 이에 대해서 그렇지 않다고 단호하게 대답하셨다. 그의 장애는 오히려 하나님의 영광을 위해 존재한다고 말씀하셨다. 주님은 고난으로 인해 영적으로 강건케 되며 인격이 성숙해지기 때문에 이를 허용하신다.

우리가 반드시 명심해야 할 사항은 주님께서 하나님의 일을 그 사람 안에서 드러내시기 위해 고난을 허용하신다는 것이다.

셋째, 선과 악은 언제나 혼재되어 있다. 이에 대해 주님께서는 씨 뿌리는 비유를 통해 설명하셨다. 인간은 어려서부터 좋은 것과 나쁜 것을 들으면서 자란다. 그리고 아무 생각 없이 모두 받아들여 마음속에 좋은 것과 나쁜 것이 혼합된 채 자란다. 주님은 그것을 허용하셨다. 이렇게 선과 악이 뒤섞여 혼재한 상태는 그것이 잘못되었다고 깨닫게 될 때에야 비로소 드러난다.

인간은 자신의 정욕과 이기심 때문에 수많은 고난이 왔음을 경험으로 뼈저리게 느낄 때까지는 그것을 제거하지 못한다. 가정과 인생이 파탄 지경에 이르러서야 그때가서 자신의 잘못을 깨닫기도 한다. 주님은 마태복음 13장 24-30절에서 가라지의 비유를 통해서 이렇게 말씀하셨다.

"하늘나라는 마치 어떤 사람이 자기 밭에 좋은 씨를 뿌린 것과 같다. 그러나 그가 잠든 사이에 그의 원수들이 밀 사이에 가라지를 뿌리고 갔다(마13:24-30)."

여기서 씨를 뿌리는 자는 둘이고 씨도 두 종류이다. 파종자가 씨를 뿌린 곳에 원수들이 가라지를 뿌리려고 쫓아왔다. 주님의 진리를 받는 마음 밭이 시험에 노출되었다. 엄밀하게 말해서 인간이 마음 속에 진리를 영접했기 때문에 시험이 온 것은 아니다. 하지만 원수들은 진리가 있는 것을 알고는 거짓을 심어두고 갔다.

이 말을 다시 풀어서 설명하면 선이 없으면 악의 시험도 없다는 말이다. 시험은 본질적으로 선과 악의 싸움이기 때문이다. 악은 거짓을 수단으로 선을 몰아세우고 선은 진리를 수단으로 선의 방어에 나선다.

밭에 뿌려진 씨가 "좋은 씨"라고 불리는 것은 진리가 마음에 심겨진 것을 암시하고 시험을 수단으로 진리가 확증된 것이다.

밭에 좋은 씨를 뿌린 "어떤 사람"은 주님이고 씨는 말씀이다. 그런데 "사람들이 잠든 사이에 원수들이 와서 밀밭에 가라지를 뿌리고 갔다."고 했다. 악한 영들은 당사자가 눈치 못채게 은밀하게 거짓을 뿌렸다. 잠이 든다는 것은 세상에 집착하는 상태를 의미한다. 원수는 지옥으로부터 온 악의 영이다. 어느정도 시간이 지나 "밀이 자라서 이삭이 팼을 때 가라지도 드러났다."

진리가 자라나 선의 열매가 생산될 때 거짓들이 섞였다는 사실을 깨닫게 된 것이다. 그러자 종들이 주인에게 와서 물었다. "주인님 밭에 뿌리신 것은 좋은 씨가 아니었습니까? 그런데 가라지는 어디서 생겼습니까?"

그러자 주인의 대답이 "원수가 그랬구나!"고 말했다.

이는 거듭나지 않은 자연인 안에 거짓이 들어 있음을 의미한다. 종들이 다시 물었다. "그러면 저희가 가서 그것을 뽑아 버릴까요?" 이는 거짓을 분리시킴을 뜻한다.

주인은 말하기를 "가만 두어라. 가라지를 뽑다가 밀까지 뽑으면 어떻게 하겠느냐?" 이는 자칫하면 진리가 상처를 입을 수 있음을 의미한다. 진리는 거짓과 섞여 있기 때문이다. 인간이 근본적으로 거듭나지 않으면 거짓을 완전하게 분리시킬 수 없다는 뜻이다.

주인은 계속해서 말하기를 "추수 때까지 둘 다 함께 자라도록 내버려두어라. 추수 때에 내가 추수꾼에게 일러서 가라지를 먼저 뽑아서 단으로 묶어 불에 태워 버리게 하고 밀은 내 곳간에 거두어들이게 하겠다."

넓은 의미로 볼 때 이는 교회의 마지막 상태를 의미한다. 교회가 마지막 상태에 이를 때까지 거짓이 자란다는 것과 그것을 두고 보아야 한다는 말이다. 진리와 거짓이 혼재되어 있음을 말한다. 그리고 마지막에 이르러서 거짓은 진리로부터 분리되어 지옥으로 보내지고 진리는 천국에 이른다.

악한 경향성의 본색

악의 경향성이 마음속에만 있으면 인간은 자신의 죄를 볼 수가 없기 때문에 죄를 인식하지 못할 뿐만 아니라 죄를 버리지 못한다. 그렇게 된다면 구원의 희망이 사라져 버린다. 이것이 죄가 들어낼 수밖에 없는 이유이다.

고로 설교하는 목사나 전도자들은 설교를 통해서 듣는 이의 죄가 드러나도록 말해야 한다. 설교자가 교인의 눈치를 보느라 죄를 지적하지 못한다면 그런 설교가 무슨 쓸모가 있는가?

설교자 또한 먼저 자신 속의 악한 경향성을 똑바로 인식했을 때 가장 좋은 설교를 하게 된다. 모든 인간의 악의 경향성은 거의 비슷하기 때문이다. 다시 말해서 죄는 예기치 않은 상황과 좋지 못한 환경, 팔자소관 등에 기인해서 발생되는 것이 아니다. 죄는 그야말로 자신의 악한 경향성이 본색이 드러나서 행동으로 나타난 것이다.

선의 취득

주님께서 인간들에게 시련을 허용하신 이유는 선을 취득하도록 하기 위함이다.

주님의 섭리 중에는 우리가 참기 힘든 위기와 구덩이에 빠지는 것을 허용하실 때가 있다. 이런 허용은 모두 우리의 선을 위한 조치이다. 선의 결과를 목적하기 때문에 고난이 유익하다고 말하는 이유이다.

그러므로 우리는 시련을 당할 때 하나님의 섭리와 허용의 법칙으로 받아들여서 선의 열매를 거두어야 한다. 그것이 해답이고 살 길이다.

하나님을 신뢰하고 순종하는 자는 그의 발걸음이 자신의 의지가 아니고 그분의 인도하심이라는 사실을 확신한다. 선한 자의 발걸음은 여호와께서 인도하신다는 것을 안다.

비록 자신이 바닥에 떨어졌다고 할지라도 절대로 하나님이 버리시지 않으신다는 것을 믿는다. 그 이유는 하나님이 그 사람의 손을 붙들고 계시기 때문이다. 이를 경험한 자는 지난 날의 경험을 되돌아보면서 이렇게 외친다.

"저는 고민해 보지도 않고 당신을 저버렸지만, 이제는 당신의 말씀을 지키나이다... 제가 괴로움을 받음으로 당신의 규례를 배우게 된 것, 저에게는 더 없이 좋은 일입니다."

주님께서 유대인들을 바빌론 땅에 포로로 유배간 것을 허락하셨다. 그 이유는 유대인이 주님을 떠나서 악을 행하였기 때문이다. 그래서 더 이상 악행하지 못하게 막기 위해서 유배를 허락하셨다. 최소한 악을 방지하기 위함이었다. 악을 막고 선을 이루도록 하기 위함이다.

B.C 600년 경, 바빌론 왕 느부갓네살이 예루살렘을 포위 공격했다. 당시 유다의 왕 시드기야는 예언자 예레미야에게 특사를 보내 여호와께서 거룩한 성을 적으로부터 구해 달라고 부탁했다. 예레미야는 이렇게 예언했다.

"당신들은 이 백성에게 야훼의 말씀이라 하며 이 말을 전하시오. 내가 살길과 죽을 길을 너희 앞에 내어놓을 터이니 너희는 그중 하나를 택하여라. 이 성안에 버티고 있다가는 칼에 맞아 죽거나 굶어 죽거나 병들어 죽을 것이다. 그러나 나가서 너희를 포위하고 있는 바빌론 군에게 항복하면 살 것이다(렘24:1-2)."

그리하여 예루살렘 백성들의 견해는 두 가지로 갈라졌다. 즉, 주님의 말씀을 받아 바빌론 군에 항복하자고 하는 그룹과 예언을 거절하고 예루살렘에서 여전히 버티자는 그룹으로 갈라졌다. 예레미야는 백성들 중 그나마 괜찮은 부류는 포로로 끌려가는 백성이고, 나쁜 부류는 고국에 남게 된 자들이라고 예언하였다.

고국에 남은 백성들은 자기들은 포로로 끌려간 백성보다 운이 더 좋다고 생각하였다. 하지만 예레미야는 포로들은 결국 예루살렘에로 귀환해서 번영하게 되지만 포로가 안 되려고 저항하는 자들은 해외로 흩어지게 되어 전쟁, 기근, 염병 같은 시련을 더 당하게 될 것을 보여 주었다.

인간의 마음속에는 두 세력의 전투가 존재한다. 그리고 두 세력은 팽팽하게 싸움을 한다. 매순간 둘 중 하나는 싸움에서 이겨 주인 노릇을 한다. 우리가 중간에서 어느 쪽에 편을 드는가에 따라 싸움의 승패가 주어진다.

그러므로 우리 각자는 누가 우리의 주인이 되게 하느냐에 대한 질문에 자신 스스로 답해야만 한다. 우리가 무엇을 선택하느냐에 따라 운명이 결정된다.

천사와 악마의 줄다리기에서 천사의 승리가 주어지게 되면 인간은 한 걸음 더 거듭나게 된다. 거듭나게 될 때 삶에 큰 위기를 겪기도 한다. 하지만 거듭남의 보상은 이보다 훨씬 크다. 정욕의 포로 되었던 멍에에서 자유를 얻게 되고 동시에 악을 몰아낸다. 고로 거듭날 것이냐? 정욕을 따를 것인가? 는 우리 삶에서 가장 큰 질문이다.

주님은 각 사람의 유익을 위해 영적 훈련을 하신다. 주님께서 허용하시는 훈련은 우리의 선을 위함이다. 주님의 모든 길은 그분의 언약과 법도를 지키는 이에게 자비와 진리라고 말씀하였다.

우리가 허용 법칙에 따라 훈련을 받는다면 주님은 더 많은 선을 우리에게 주신다. 그러나 만일 우리가 훈련을 거절하고 반항한다면 더 고된 훈련을 허용하실 수밖에 없게 된다.

여호와께서 예언자 예레미야를 통해 나무 멍에 매기를 거절한 유대인들이 더 차고 더 무겁고 더 고된 쇠멍에를 그들 스스로 자초했음을 알려주었다.

영적 무지

때로 주님은 인간들이 영적 무지 가운데 빠지도록 허용하신다. 차라리 영적으로 무지한 편이 영적 지식을 갖고 신성모독 죄를 범하는 것보다 낫기 때문이다.

만일 어떤 사람이 자신의 잘못된 습관을 깨뜨리고 악의 경향성을 스스로 제거한다면 그는 진리의 빛 안에서 영적 자유를 누리게 될 것이다. 그러나 그가 정욕을 유지하고 죄악된 생활을 지속한다면 주님은 그로 하여금 영적 무지 가운데 빠지도록 허용하신다.

왜냐하면 그가 어설픈 지식으로 교만하여 진리를 반대하거나 신성을 모독했을 때 깊은 지옥에 떨어지는 것보다는 낫기 때문이다. 그러니까 그가 하나님을 모독하여 심각한 범죄를 짓지 않도록 보호하시기 위함이다. 그가 하나님을 반역하여 깊은 지옥에 떨어지는 것보다 비록 무지하지만 낮은 천국이라도 가는 편이 낫기 때문이다. 이것이 그를 인도하시고자 하시는 하나님의 섭리이다.

이런 방식으로 주님은 인간이 현재 수준에서 더 떨어지지 않도록 보호해주신다. 주님은 인간이 지옥에 떨어지는 것을 원치 않으신다. 최소한이라도 인도하시고자 하신다.

그가 무지해서 영적 생명이 적더라도 어설프게 영적 지식을 갖고 있으면서 주님을 배반하는 것보다는 차라리 낫기 때문이다. 더 이상 악화되지 않도록 현재 상태를 보존하신다. 마치 부모 심정처럼 말이다.

지금 그가 정욕이 가득하여 더 이상 어떻게 해볼 도리가 없는 상태라면 그가 알고 있는 수준에서 그만큼 인도하신다. 그렇게 해서라도 그가 좀 더 나은 형편으로 나아가기를 원하신다.

광대한 주님의 섭리는 모든 인간이 똑같은 수준에 도달하라고 강요하시지 않는다. 공장에서 제품을 찍어내듯이 그렇게 인간을 인도하시지 않는다. 어떤 이는 우리가 천국에 가면 모두 똑같이 된다고 하는데, 천만에 그럴 수 없다. 만물의 이치를 보라! 어디 같은 것이 하나라도 있는가? 주님은 인간이 각자가 기꺼이 가겠다고 하는 만큼 인도해 주신다.

그러므로 인간이 죄를 지을 경우에는 믿음의 신비에 관한 영적 이해, 즉 거듭나는 삶에 관한 영적 지식이 없는 것이 그를 위해 바람직하다. 그가 거짓된 생활로 인해 진리를 모독하기 때문에 만일 그가 영적 비밀을 안다면 진리를 오도하여 더욱 악해지기 때문이다.

고로 우리가 알아야할 지식이 있다. 그것은 주님은 그나마 한 영혼이라도 거듭나기를 원하신다는 사실이다. 비록 악한 자라고 할지라도 더 악해져서 깊은 지옥에 떨어지는 것이 주님의 뜻이 아니다. 그러므로 비록 죄인일찌라도 정죄하지 말아야 한다. 주님은 인간에게 선을 주시기를 기뻐하시고 본인이 받아들일 수 있는 정도만큼 진리를 주신다. 그들이 자신이 선택한 악으로 인해 구원될 수 없을 때는 더 깊은 악에 빠져드는 것에서 조금이라도 덜한 악으로 구원해 주신다. 이를 위해 영적인 무지에 머무르도록 하신다.

자아사랑

주님은 인간에게 자아 사랑을 허용하신다. 비록 자아 사랑 자체는 하늘의 생명을 얻지 못하지만 그럼에도 불구하고 허용하신다. 그 이유는 자아사랑에서 벗어나도록 하기 위함이다.

기독교를 두고 십자가의 종교라고 말한다. 십자가의 정의는 자아 부정이다. 십자가는 기독인이 마땅히 담당해야할 의무이다. 세상과 육에 속한 것을 십자가에 못박고 주님을 따르는 것이다.

주님은 말씀하셨다. "자기 십자가를 지고 나를 따라 오지 않는 사람도 내 사람이 될 자격이 없다(마11:38)."

고로 십자가는 악한 욕망과 이기적인 습관과 싸움이다. 그래서 죄를 중단하고 선행을 배워 익숙해야 한다. 고로 기독인은 자기 십자가를 짊어져야만 하고 주님을 배우려고 노력해야 한다. 만일 그분을 따르겠다는 자들이 이렇게 하지 않는다면 십자가를 짊어지고 걸어가신 그분의 삶을 배반하는 것이 된다.

먼저 십자가를 짊어지는 의무를 수행하기 위해서는 십자가가 무엇을 뜻하는지를 이해해야 한다. 십자가를 진다는 것은 고통만 의미하는 것이 아니라 마음을 순수하게 하는 것이다. 다시 말해서 십자가는 고난만 상징하는 것이 아니라 마음속 이기심과 불순물에 대항하는 것이다.

십자가를 짊어짐은 첫째로 시험을 견뎌내는 것이다. 즉, 악과 투쟁하는 것이다. 마음속에 있는 선을 무너뜨리려고 하는 악과의 투쟁이다.

둘째로 십자가를 진다는 것은 꾸준한 자아 부정이다. 십자가는 이기심을 죽이는 것까지 포함된다. 이런 결과가 없다면 십자가 지는 것은 헛된 공상에 불과할 뿐이다.

주님은 "자기 목숨을 얻으려는 사람은 잃을 것이며 나를 위하여 자기 목숨을 잃는 사람은 얻을 것이다."고 말씀하셨다.

자아 사랑은 인간 고유의 사랑이며 거듭나지 못한 생명이다. 반면에 주님을 향한 사랑은 새로운 생명이며 거듭난 생명이다. 자아 사랑을 가지고 생명을 얻고자 하는 자는 생명의 주인되시는 주님의 생명을 잃는다. 그러나 주님을 위해 인간 고유의 생명을 내려놓는 사람은 영원한 생명을 발견한다. 주님을 위해 자기 목숨을 잃는다는 의미는 그런 뜻이다.

즉, 자아 사랑을 죽이는 것이요 하나님으로부터 생명을 받는 것이다. 악에서 선으로 거짓에서 진리로 나가는 것이다. 이런 교체속에서 주님의 뜻이 이루어지고 그분의 영광은 더 한층 드높여 진다.

의심

주님은 진리에 대해 의심하는 것을 허용하셨다. 예수께서 세상에 오셨을 때 예수를 두고 군중들은 말이 많았다. "그는 좋은 분이요"라고 말하는 사람이 있는가 하면 "아니오, 그는 군중을 속이고 있소"라고 말하는 이도 있었다.

이처럼 인간 세상에서는 주님에 대한 견해가 달라서 싸움으로 이어지기도 한다. 어떤 이는 의심으로 어떤 이는 믿음으로 일관한다.

이런 다툼은 선과 악, 진리와 거짓 사이에도 상존한다. 주님은 인간이 어떤 선택을 하기에 앞서서 의심할 수 있도록 허용하셨다. 비온 뒤 땅이 굳어지는 것처럼 의심을 통해서 내적으로 더욱 다져지기 때문이다.

성경에는 "유대인들이 두려워서 예수에 관하여 내놓고 말하는 사람은 하나도 없었다."고 했다. 유대인을 두려워함은 진실을 말하기가 어렵다는 것을 의미한다. 이는 예수를 좋게 평하려는 이들이 느끼는 두려움이다. 이 두려움 속에는 거짓의 영향력으로 인해서 혹시라도 진리가 문제되지 않을까 하는 염려를 함축하고 있다.

중요한 사실은 의심이 의심을 위한 것이 아니라 진리를 알고자 하는 순수한 의도에서 나온 것이야만 한다는 점이다.

그래야만 비록 의심을 가졌지만 진리를 제대로 이해할 수 있다. 나다나엘은 주님에 대해 처음에는 나사렛에서 무슨 선한 것이 나오겠느냐고 의심하였지만 주님을 만나고 난 이후에는 나의 하나님이라고 고백했다.

사탄 침공

주님은 사탄이 가룟유다 안에 들어가도록 허용하셨다. 그 이유는 주님의 일이 마무리되도록 하기 위해서이다. 찬송가 가사 중에 "이 풍랑 인연하여서 더 빨리 갑니다" 라는 가사가 있듯이, 사탄은 주님의 일을 신속하게 이루는 역할을 한다.

가룟유다 안에 들어간 사탄은 악 중에서 가장 크고 무서운 악이다. 이 악이 주님께 대항하였다. 이런 악독한 악이 주님께 대항하게 됨으로 주님의 구속은 최악의 정점에 이르게 되었고 가장 깊은 악의까지 정복할 수 있었다.

주님께서 가룟유다에게 포도주를 적신 빵 조각을 주신 것은 배반하는 영혼이라도 하늘의 선을 주시려는 주님의 마음을 상징한다. 쓴 나물을 담은 그릇은 거듭나지 않은 자연적 마음 상태를 표현한다. 쓴 나물은 타락된 본성이다.

주님의 빵조각이 쓴나물 그릇에 들어감은 타락한 본성속에 들어감이다. 그로인해 빵은 슬픔의 빵으로 바뀐다. 주님께서는 적셔진 빵조각을 유다에게 주시면서 이렇게 말씀하신다. "네가 할 일을 어서 하여라." 주님께서 이 말씀을 하심은 허용 법칙에 의해서이다.

주님의 명령은 법칙의 실행을 표현하고 그렇게 되어질 것에 대한 계시일 때가 많다. "네가 할 일을 어서 해라"는 것은 사탄이 유다의 마음에 들어가서 유다가 행동하게 될 것을 예언함이다. 어서(Quickly)란 확실함(Certainly)을 뜻한다.

주님께서 이 말씀을 하실 때는 깊은 의미가 있다. 즉, 악하고 부패한 인간이 하고자 할 때는 그것을 말릴 수 있는 것은 아무 것도 없다는 것이다. 지금 그 일의 목적은 이미 확실해졌다. 우리는 어서 하라는 말씀을 십자가의 고난으로만 생각하는 경향이 있는데, 주님은 이미 그로 인한 부활을 보셨다. 그로인해 높은 곳에서 성령(Spirit)이 부어지게 되어 세상이 거듭나는 것을 보셨다.

균형유지

왜 하나님의 아들에게 이런 악한 일들이 허용되었는가? 그 이유는 구속의 일을 성취함으로 영적 평형상태를 유지하도록 하기 위해서이다.

구속으로 얻어지는 결과는 선과 악의 균형 상태이다. 악이 압도적으로 우세하면 그 악을 제지하기 위한 섭리가 시작된다. 창조의 법칙과 같이 섭리의 법칙은 자연적, 영적 상태의 균형을 유지한다. 그러니까 두 개의 평등한 힘의 영향권 아래 작용과 반작용이 균등하게 주어진다.

예컨대, 지구는 두 개의 반대되는 힘에 의해 궤도를 보존한다. 하나의 힘은 중력의 법칙에 의해 지구를 끌어당기고 다른 하나의 힘은 지구를 태양에서 멀어지도록 작용한다. 만일 한쪽 힘이 과도하게 우세해지면 어느 쪽에서이든 파멸되고 말 것이다. 영적 존재로서 인간은 균형의 주체이다.

인간 본성과 이성(Reason)은 두 개의 힘이다. 이 두 힘의 균형을 수단으로 인간은 자유로이 선택하고 행동하는 능력을 소유한다. 계시로 계발된 이성은 말하기를 "인간은 유한한 존재이며 인간의 생명은 하나님으로부터 나온다."라고 말하는 반면에 본성은 이렇게 말한다. "인간의 생명은 고유 권한이다."

인간은 두 자각이 팽팽하게 균형을 유지한다. 어느 누구도 균형없이는 존재할 수 없다. 만약 이런 균형이 깨진다면 마치 원심력을 상실한 행성처럼 한쪽으로 기울게 된다.

만일 이성과 계시의 능력을 상실하고 본성으로 기울게 되면 생명의 중심이 되는 하나님으로부터 멀리 떨어져 나가 어둠과 죽음의 영역에서 배회하게 된다. 이렇게 될 경우 결국 자아를 상실하고 타락하게 된다.

또한 본성의 기능이 없다면 신성에 흡수되고 말 것이다. 주님께서 세상에 오신 이유는 만물의 균형과 유지를 위해서이다. 주님이 세상에 오실 당시의 상황은 타락으로 인해 영적인 균형이 깨어졌던 것이다. 지상에서 삶을 살았던 이들은 진리의 빛과 사랑의 열기를 공급받을 수 없었다. 천국에 반대되는 어둠과 죽음이 팽배했기 때문이다.

 그래서 반대되는 두 왕국 사이에 힘의 균형이 있어야만 했다. 그렇지 않으면 악이 선보다 더 강해져 인간은 선을 행하는 능력을 박탈당하고 만다. 천국과 지옥의 균형 회복, 인간 마음 안에서 선과 악의 균형 회복은 주님이 세상에 오신 목적 중 하나이다. 이 회복이 성취되기 위한 유일한 방법은 주님께서 인간이 되시는 것이다. 주님께서 육신을 입으심은 악이 파괴한 질서를 회복하는 수단이었다.

 주님이 참아내신 격렬한 고통과 죽음은 악의 권세가 그분께 집중되도록 하기 위해 허용되었다. 그렇게 해서 악의 권세가 깨지고 천국과 지옥, 선과 악 사이의 균형이 회복되도록 하셨다.

 즉, 아흔 아홉 마리의 양을 남겨두고 잃은 한 마리를 찾기 위해 지상에 오신 것은 타락 가운데 있는 인간을 질서의 궤도로 되돌리기 위함이다. 인간에게 빛과 생명의 즐거움을 회복시켜 주기 위함이다.

마음의 품질

주님은 인간이 인격의 품질을 만들어나가는 일을 허용하셨다. 인격은 선택에 의한 결과물로 만들어진다. 인격에는 천국의 품질이 있고 지옥의 품질이 있다. 주님은 품질을 아주 세밀하고 정확하게 아신다.

"목자는 자기 양의 이름을 부른다(요10:3)." 이름이란 품질을 의미한다. 주님은 모든 사람의 품질을 알기 때문에 각각의 특성과 상태에 따라 섭리하시며 양을 인도하신다. 목자는 양을 불러낸 다음에 앞장서서 가신다. 신실한 목자는 양떼 앞에서 모범을 보여주시면서 이끈다. 목자가 앞장서서 가는 것은 목자를 따르는 양의 지혜도 암시하고 있다. 양은 목자의 음성을 알아 듣기 때문이다. 이는 선으로 인도하는 진리의 가르침을 의미한다.

다시 말해서, 인간은 자신의 인격 품질을 만들어내고 그 품질에 맞는 삶을 살아간다. 이런 품질의 기준은 주님 사랑과 믿음이다.

그러면 품질은 어떻게 다른가? 그것은 자유 의지에 따라 다르다. 자유 의지는 각자의 사상과 애정에 따라 나타나기 문이다. 고로 자유 의지가 달라지지 않는 한 인격 품질은 변하지 않는다.

다시 말해서 선한 자는 선을 목표로 하는 자유 의지를 갖는데, 그는 선한 상태를 유지한다. 반대로 악한 자는 악을 목표로 하며 그대로 악한 상태를 유지한다. 중요한 사실은 품질은 행위에 따라 유지된다.

그러면 사람의 행동은 어디에서 나오는가? 그것은 마음이다. 마음속이 행동의 근원지이다. 어떤 자는 모든 안정되고 평안한 삶을 버리고 자기를 높여주며 음란하고 더러운 곳으로 달려갔다. 이는 그의 마음이 더러움으로 가득차 있기 때문이다. 그가 더러움의 쾌락을 사랑하였기에 더러움을 향해 달려간 것이다. 이것이 그의 품질이다.

품질은 주도적인 사랑에 의해 결정된다. 결국 인간의 모든 행위는 무엇을 사랑하느냐에 따라 주어진다.

인간의 주도적인 사랑은 그의 인격 품질을 만들어낸다. 이 사랑에 의해 선이든 악이든 목적지를 향해 달려간다.

그리고 주도적인 사랑은 삶을 구성한다. 이 사랑에 의해 마음속에 왕국을 이룬다.

 주도적인 사랑은 그의 눈빛과 얼굴 표정에서 드러난다. 예컨대, 어떤 사람이 누군가와 어떤 주제에 대해 대화할 때 생기가 돌고 시간 가는 줄 모른다면 그의 주도적인 사랑을 짐작할 수 있다. 누군가와 전화를 하면서 시간가는 줄 모르고 있다면 그는 그의 말에 주도적 사랑을 두고 있는 중이다.

 또한 어떤 주제에 대해 듣기 싫어하거나 못들은 체 하거나 딴청을 피우거나 얼굴이 일그러지고 심지어 분노한다면 주도적 사랑과는 다른 분야일 것이다.

 그러므로 주도적 사랑은 관심 분야이며 그속에서 열정이 올라온다. 그리고 주도적 사랑에 공통 분모가 있는 자들을 찾아다닌다. 이를 두고 유유상종이라는 말을 사용하기도 한다. 주도적인 사랑은 삶을 규정하고 품질을 만들어내며 행동으로 이끈다.

 고로 인간의 주도적 사랑의 형태가 선악으로 나뉘어진다는 사실을 알아야 한다. 그 구별에 따라 생명과 사망이 주어진다.

어디까지 허용하시는가?

주님께서 어디까지 악을 허용하시는가? 인간의 어느 상태가 될 때까지 허용하시는가? 고통 중에 있는 영혼은 처절하게 울부짖는다.

"주여! 언제까지입니까? 언제 우리를 이 극악한 상황에서 건져내 주시렵니까? 주여 어서 오시옵소서" 하고 고통 중에 있는 신실한 백성들은 애절하게 기도하였다. 극악한 환경에서 주님의 응답을 고대한 것이다.

여수 애양원에서 목회하셨던 사랑의 사도라고 불리우는 손양원목사는 주님 고대가를 지어서 이렇게 노래했다.

"낮에나 밤에나 눈물 머금고 내주님 오시기만 고대합니다. 가실때 다시오마 하신 예수님, 오 주여! 언제나 오시렵니까? 먼 하늘 이상한 구름만 떠도 행여나 내 주님 오시는가해 머리들고 멀리멀리 바라보는 맘, 오주여! 언제나 오시렵니까? 내 주님 자비한 손을 붙잡고 면류관 벗어들고 찬송 부르면 주님계신 그 곳에 가고 싶어요 오 주여! 언제나 오시렵니까?"

주님께서 언제까지 고난을 허용하시는가? 하는 주제는 각 사람의 상태에 따라 다르다.

아브라함의 경우를 알아보자. 아브라함이 그의 아들 이삭을 모리아산에서 제물로 바치고자 아브라함은 아침 일찍 출발하여 삼일 길을 걸어서 모리아산까지 갔다. 그때까지 하나님은 참으시고 기다리셨다. 아브라함이 모리아 산에 도착하여 이삭을 죽이고자 칼을 들어 내치려고 할 그때 하나님은 아브라함을 말리셨다. 아들을 제물로 바치는 것을 허용하지 않으셨기 때문이다. 그러나 아브라함이 삼일 길을 가는 과정은 허용하셨다. 여기에서 깊은 의미가 주어진다. 즉, 허용의 범위는 아브라함이 그의 아들을 죽이기 위해 칼을 집어 들었던 순간까지이다.

하나님은 아브라함에게 모든 것을 허용하셨지만 인간적인

것이 모두 죽기 직전까지 허용하셨다. 인간의 마지막이 하나님의 시작이라는 말이 있다.

예언자 예레미야의 환상의 예를 들어 보고자 한다.

예레미야는 환상 중에 고기 가마가 부글부글 끓어올라 가장자리로 넘치는 환상을 보았다(렘1:11-14). 역사적으로 당시 상황을 설명하면, 끓는 고기 가마솥은 북쪽에서 내려오는 느부갓네살왕의 군대이다. 그로 인해 크게 동요되는 예루살렘을 표현한 것이다. 가마솥 속의 내용물들이 끓어 넘침은 강력한 적으로 인해 유대인들에게 재난과 혼란이 있게 될 것을 표현한 것이다.

영적인 의미로 움푹 들어간 그릇인 가마솥은 마음속 가마솥이다. 가마솥안에 있는 끓는 내용물은 우리의 의지와 이해를 담고 있는 문화와 규칙, 한마디로 교리를 표현한다. 각양 각색의 사람들이 갖는 교리이다. 이런 교리들이 용기 안에 담겨 있다. 그릇의 성격은 무엇을 담느냐에 따라 달라진다.

그 내용물이 건강에 좋은 음식일 수도 있고 사람을 죽게 만드는 독일 수도 있다.

그런데 고기 가마라는 표현이 나온다. 고기 가마는 나쁜 의미로 쾌락을 의미한다. 가마속에 들어있는 내용물이 육신의 욕망이기 때문이다.

출애굽기 16장을 보면, 에집트를 떠나 가나안으로 향하는 도중의 광야에서 이스라엘 백성들은 에집트의 고기 가마를 그리워하였다. 그리고 만나를 경멸하는 어조로 말했다. 아무리 좋은 하늘의 양식이라도 그들은 불만족했고 불평하였다. 그들에게는 애굽의 고기가 필요했다.

인간이 감사하지 못하고 자아 만족을 추구하면 그 솥의 내용물은 끓어 넘치게 되어 결국 하나도 먹지 못하고 솥마져 타버려 못쓰게 된다. 자아 사랑의 악한 열정이 인간을 통치해서 한도를 넘어서 끝장을 보게 만든다. 결국 영적 파멸이 올 때까지 이어진다.

그러므로 진리대로 살지 않으면 자아 사랑이라는 옷을 입은 육신적 욕망은 과감하게 온몸 전체를 점령한다. 그리하여 마음은 거짓과 악한 느낌으로 채워진다. 그러면 끓어 넘친다는 의미는 무슨 의미인가?

부글부글 끓는 솥을 상상해 보라. 그 속의 내용물이 끓어올라 넘치는 모습, 넘쳐흘러 못쓰게 되고 결국 솥까지 새까맣게 태워서 결국 솥 안에 든 것을 다 파괴하고 마는 모습은 타락한 인간의 마음 상태를 의미한다.

자아 사랑의 욕망이 마음 전체에 열을 가하는 상태를 표현한다. 마치 예레미야 당시에 느부갓네살 왕의 군대가 돌진해 들어오는 것같이 지옥의 모든 영향력이 마음속에 돌진하는 광경을 그려준다. 악과 거짓은 반드시 작은 문틈 사이를 비집고 들어와서 모든 것을 파괴하고 천국에 대한 문을 닫게 만든다.

예레미야 시대에 이스라엘이 끔직한 상황에 처했는데, 오늘날에도 이런 비슷한 상황은 계속된다. 우리가 자신속에 악의 영향력이 행세하도록 허용한다면 언제나 이런 일은 가능한 일이다. 우리는 가마솥 안에 무엇을 넣고 끓여야 할까? 열을 공급해 줄 불은 어디로부터 있어져야 하는 것일까?

본래의 목적으로 다시 돌아가서 말한다면 인간적인 모든 것이 깨지고 부숴지고 다 무너질 때까지 주님의 허용 법칙은 계속될 것이다.

서로 나누기

☞ 배운 것을 삶에 적용할 수 있도록 서로 나눠봅시다.

● 주님의 선견(foreknowledge)

주님은 선한 자뿐 아니라 악한 자도 아신다. 악이 활동하는 것은 허용에 의해서이고 덜 지독한 악은 더 지독한 악을 예방하기 위해 허용되는 것이 허용 법칙의 원리이다. 주님께서는 그분을 배반할 자가 누구인지 계속 알고 계셨다. 주님은 질서대로 있는 우주의 모든 것을 보실 뿐 아니라 무질서에 있는 모든 것까지도 보신다.

무질서의 뿌리인 악은 독립적으로 생겨난 것이 아니라 선의 남용과 악용에서 생겨난 것이다. 즉, 악은 현재의 선이 계속적으로 뒤집혀진 것이다. 결국 악한 자는 선한 자 없이 존재할 수 없는 이치이다.

● 생각해 보기 ●

−허용 법칙이 있는 이유는 무엇인가?
−밀과 함께 자란 가라지는 언제 뽑는가?
−왜 하나님은 아브라함의 삼일 길을 허용하셨는가?
−예레미야의 끓는 가마솥은 무엇을 의미하며 적용해 보라.
−우리는 가마솥 안에 무엇을 넣고 끓여야 하는가?
−어디까지 악을 허용하시는가?
−인간의 마지막이 하나님의 시작이라는 말의 의미는?

Part03

—

성경속의 허용 법칙

God's Permission

소돔과 고모라

소돔과 고모라에 불과 유황이 비내리듯이 떨어졌다. 영적인 의미로 불과 유황은 자아 사랑과 거짓을 상징한다. 또한 비 내림은 지옥으로 떨어짐을 의미한다. 성경에는 "여호와께서는 사악한 자 위에 그물, 불과 유황을 비오게 하실 것"이라고 하셨다(시11:6). 불은 탐욕적 자아사랑을 의미하고 동시에 지옥을 의미한다. 여호와께서 소돔과 고모라에 불과 유황을 비내리게 하셨다는 뜻은 문자 그대로 보면 여호와께서 하셨다고 했지만, 실제로 여호와는 인간에게 벌을 내리시는 분이 아니시다. 그분은 사랑과 자비가 무궁하시며 그 자체가 선하시다. 여호와께서 선하셔서 불과 유황을 내릴 수 없음과 문자 그대로 불과 유황을 비내리게 하심 사이의 딜레마가 있다. 그 두 가지 혼란을 이해하는 것은 성경을 문자 그대로 해석하느냐 그 의미를 파악하느냐의 차이이다. 지혜로운 자는 의미를 선택할 것이다. 그렇다면 우리는 여기서 한 가지 원리를 깨달을 수 있다.

악마의 소관

허용의 법칙에는 하나님은 선하시며 오래 참으시는 분이시며 처벌은 악마의 소관이다. 다시 말해서, 이 악마가 저 악마를 처벌하고 고통을 주는 법칙이 존재하는 것이다. 악마는 죽이고 멸망시키는 일을 하는 존재들이다. 이는 하늘의 법칙이다. 악마를 처벌하는 것은 악마이다. 선한 자에게 무작정 달려들어 파괴하려드는 악마를 속박하고 제지하는 방법은 이런 방법이 아니고서는 제어가 불가능하다. 이것은 선한 자를 보호하는 주님의 방법 중 하나이다.

악마는 갖가지 궤계와 기술을 이용해서 상대방에게 고통을 안겨주는 것이 그들의 할 일이다. 하나님께서 지옥의 고통을 허용하시는 이유는 이것만이 악을 점검하고 조절할 수 있는 유일한 길이기 때문이다. 주님의 조절아래 지옥의 패

거리들을 보존할 수 있는 유일한 수단은 처벌에 대한 두려움과 공포이다. 그 외의 다른 방법은 없다. 악마가 형벌과 고통에 대한 두려움이 없다면 악은 사납게 날뛰게 될 것이다.

이는 마치 무정부 상태가 되면 불법이 성행하고 악한 인간들이 광분하여 세상이 난리 법석이 일어나게 된다.

세상에서도 아무리 자비롭고 선한 왕이라고 하더라도 악한 자를 처벌해야할 경우가 있다. 아무도 벌하기를 원치 않는 선한 왕이라도 질서를 위해서 짚고 넘어가야할 때가 있다.

아무리 자비로운 왕이라 할지라도 처벌을 허용하지 않으면 그의 나라는 무법 천지가 될 위험성이 크다. 이런 관점에서 여호와께서는 불과 유황비를 내리신 분이 아니다. 오히려 거짓에 빠진 인간이 스스로 불과 유황비를 내리도록 자처한 것이다. 한가지 더 말씀드린다면 지옥은 자기 발로 걸어 들어가는 것이지 절대로 하나님이 보낸 것이 아니다. 하나님은 모든 이가 천국에 들어오기를 원하신다. 그러나 성경은 인간 편의 입장에서 읽도록 기록되었기 때문에 여호와께서 내리셨다 라고 표현되었다.

돼지떼 속의 귀신

"예수께서 가다라 지방에 가시매 귀신 들린 자 둘이 무덤 사이에서 나와 예수를 만나니 그들은 몹시 사나워 아무도 그 길로 지나갈 수 없을 지경이더라. 이에 그들이 소리 질러 이르되 하나님의 아들이여 우리가 당신과 무슨 상관이 있나 이까 때가 이르기 전에 우리를 괴롭게 하려고 여기 오셨나 이까 하더니 마침 멀리서 많은 돼지 떼가 먹고 있는지라 귀 신들이 예수께 간구하여 이르되 만일 우리를 쫓아 내시려면 돼지 떼에 들여 보내 주소서 하니 그들에게 가라 하시니 귀 신들이 나와서 돼지에게로 들어가는지라 온 떼가 비탈로 내 리달아 바다에 들어가서 물에서 몰사하거늘(마8:28-30)."

귀신들은 예수께 '당신이 우리를 쫓아내시려거든 저 돼지들 속으로나 들여 보내주십시오' 하고 간청하였다. 예수께서 '가라' 하고 허락하시자 귀신들은 돼지속으로 들어갔다. 귀신들은 깊은 바다를 피난처로 발견하고는 주님께 요청하였고 주님은 이를 허용하셨다. 이를 보건대, 어둠의 영들은 주님이 허용하실 때만 작동한다는 것을 알 수 있다. 악의 허용은 이런 원리로 규율됨을 이해해야 한다.

즉, 주님은 인간에게 더 큰 악을 예방하시기 위해 작은 악을 허용하신다는 것이다. 악을 허용하시는 목적은 어떤 선이 생산되도록 하기 위함이다. 그래야만 인간이 고통중에 깨닫고 천국에 도달할 수 있기 때문이다.

이런 사실은 인간의 입장에서 보면, 지금 당장은 고통스럽지만 어쩔 수 없는 과정이기도 하다. 왜 주님은 이렇게 악한 영들을 허용하시는 걸까?

주님은 악한 영이 인간의 마음속에 자리 잡는 것을 허용하신다. 그래서 인간이 죄악된 길에서 방황하거나 악의 길로 빠지는 것을 허용하신다. 그 이유는 인간의 자유의지 때문이다.

그러니까 자신의 의지로 자원해서 진리를 선택하지 않고서는 진리를 통해서 천국에 입장할 수 없기 때문이다. 주님을 사랑하는 자만이 천국에 들어올 수 있기 때문이다. 이것이 허용 법칙이 있는 이유이다.

악령은 언제나 마음속에 있는 악을 흥분시키는데, 악이 흥분하게 되면 자기 마음대로 무질서하게 행동하거나 음란한 데는 빠르고 이를 제지하는 자에게 반항하며 기세등등하게 행동하고 반면에 자기 행동에 찬동하거나 부추기는 자에게 찾아가서 위로를 받고 힘을 얻는다.

이런 행동은 가까운 가족이나 주변인들에게 많은 고통과 손실을 안겨준다. 그러나 그가 언제까지나 그런 힘을 가지고 주변인들을 힘들게 하고 고통스럽게 하는 것은 아니다. 이제 거의 막바지에 이를 무렵에 그런 행동은 어느 계기로 서서히 잦아지게 된다. 그는 무질서한 삶으로 인해 질병이나 위기 혹은 악의 발각 등을 만나게 된다.

아담이 눈이 열려 벌거벗은 자신의 모습을 보듯이 자신 속에 있는 악이 무엇인지를 구체적으로 파악하게 된다. 비록 미약하지만 그것을 제거하는 쪽으로 인도된다.

이렇게 본다면 허용 법칙은 악령이 인간의 악을 흥분시키도록 허용된 것이다. 결국 악령이 마음속에 들어가서 악을 흥분시키고 그리고는 악이 백일하에 드러나는 것이다. 악이 드러남으로 악을 제거하시는 주님의 섭리이다. 성경에 악마에게 붙잡힌 자에게서 악령이 드러나서 돼지떼로 들어가게 하시는 주님의 지혜와 선하심을 감지해 볼 수 있다.

인간의 욕망

거라사에 사는 어느 인간에게 달라붙었던 귀신이 그 사람에게서 나와 돼지떼 속에 들어가듯이 그들의 거주지인 어둠의 나라로 가게 된다. 돼지들이 달려가 몰사한 바다가 바로 어둠의 나라이다.

돼지떼가 비탈을 온통 내리달리는 장면은 악령의 경향성이 아래로만 향해 간다는 것을 표현하고 있다. 이는 가장 낮고 깊은 곳으로 달려가는 인간의 욕망을 표현한다.

죄악중에 살다가 평생에 이웃에게 선을 베풀지 않고 악한 짓을 일삼던 자가 죽음의 순간에 영원한 저주라는 영역으로 끌려가는 모습이다.

그러나 진정으로 회개한 자는 이와는 다르다. 회개는 자신에게서 악령을 분리시키는 일이다.

주님께서 오셔서 권능을 나타내실 때 귀신은 자기들의 악을 모조리 가지고 돼지떼 속에 들어갔다. 귀신이 나가고 나니 마침내 그의 정신이 회복되었다. 그는 주님의 자비와 선을 맛보게 되어 평화와 축복의 나라를 회복하였다.

빛이 비춰지자 더럽고 천한 깊은 계곡과 같은 마음이 환해지고 악이 제거되면서 선이 회복되고 마음속의 순진무구가 올라왔다. 그는 이제 귀신이 물러나고 거듭남의 단계에 들어선다.

마치 주님께서 어둠의 영들과 서로 공모한 듯이 악의 제거가 순식간에 이뤄졌다. 그러나 알아야할 것은 한번 악령이 인간에게 붙어 버리면 쉽게 떨어지기 어렵다는 것을...

악한 귀신은 미움의 불과 거짓의 물로 끌고 들어간다. 그리고 고통속에 거품을 내품고서야 떨어진다. 그만큼 악령은 교활하고 끈질기다.

가룟 유다

예수께서는 이미 당신을 팔아넘길 사람이 누군지 알고 계셨다(요13:11). 놀라운 일이 아닌가? 우리는 주님의 선견을 이해해야만 한다. 주님은 인간의 상태를 알고 계시는 분이시다. 주님은 선한 자뿐 아니라 악한 자를 아신다. 또한 그들이 앞으로 행할 일을 아신다. 그분은 악한 자의 악행을 미리 알고 계신다.

그런데 주님은 사전에 알고 계셨음에도 왜 악을 허용하시는 것일까? 그 해답은 이렇다. 주님께서 악한 자의 악을 허용하는 이유는 더 큰 악을 미리 예방하기 위해서이다.

주님을 배반함은 선의 남용 혹은 악용을 의미한다. 남용과 악용은 선이 거꾸로 뒤집혀지는 것이다. 선이 바닥에 떨어진 것이다.

 악은 스스로 태어난 것이 아니다. 선이 있어야만 악이 존재한다. 마치 빛이 있어야만 어둠이 있고 질서속에 무질서가 존재하고 열기가 있어야만 냉기가 존재하는 이치이다.

 주님은 우주만물의 질서를 보시면서 무질서도 함께 보신다. 그 무질서의 뿌리가 바로 악이다. 그러니까 악은 선에 기생하면서 선을 갉아먹는 것을 말한다. 선은 꾸준히 흐르는 시냇물처럼 주님으로부터 흐른다. 하지만 모든 악은 선을 더럽게 만든다. 악은 선에 대항하여 꾸준하게 반작용하기 때문에 선은 악을 감지할 수밖에 없다. 하나님은 이 모든 것을 미리 아신다. 인간은 이 사실을 제대로 이해하기 어렵지만 우리가 이해할 수 있는 것은 모든 결과가 그분의 영광을 목표한다는 것이다.

 여기에 대해 아무리 우리가 제대로 이해하고자 하여도 인간의 한계로는 더 이상 알 수 있는 지식이 없다. 다만 이정도 아는 것만으로도 감사할 뿐이다.

빌라도

허용의 법칙 안에 악한 자의 권세가 들어 있는가? 그렇다. 빌라도의 예를 통해서 악한 자의 권세가 허용 법칙안에 들어있음을 알 수 있다. 빌라도는 유대를 다스리는 로마 총독이다. 당시 유대를 다스리는 권세를 가진 자이다. 빌라도가 예수께 이런 말을 했다.

"나에게는 너를 놓아줄 수도 있고 십자가형에 처할 수도 있는 권한이 있는 줄을 모르느냐(요19:10-11)."

빌라도는 자신에게는 죄인을 십자가형에 처하거나 석방해 줄 권한이 있다고 말하고 있다. 모든 인간은 나름대로 잘, 잘못과 선악을 판단하는 권한을 가지고 있다.

이런 권한 역시 인간에게 속한 게 아니다. 예수께서는 빌라도에게 이렇게 대답하신다.

"네가 하늘에서 권한을 받지 않았다면 나를 어떻게도 할 수 없을 것이다. 나를 네게 넘겨 준 자의 죄는 더 크다 하시니라(요19:11)."

이 말씀은 우리가 판단하고 선택하는 능력도 하나님의 선물에 불과하다는 것이다. 모든 선이 주님의 섭리 속에 있는 것처럼 모든 악은 허용 속에 있다. 하지만 허용을 주님께서 악을 찬성한다고 이해해서는 안 된다. 다만 그분이 그것을 절대적으로 막지 않으심이다. 어느 한계 안에서만 그것을 제지하실 뿐이다. 그런데 언제 악을 허용하시는가? 그것은 선을 위한 경우 혹은 더 큰 악의 예방을 위한 경우이다.

빌라도는 자신에게 사람을 십자가형에 처하거나 석방해줄 권한이 있다고 말하고 있다.

우리가 판단하고 선택하는 기능인 합리성과 자유의 능력은 하나님께서 주시는 선물이다.

모든 선이 섭리 안에 있듯이 모든 악은 허용 법칙 속에 있음을 말씀하고 있다. 우리는 허용 법칙을 그분께서 악을 찬성하신다고 여겨서는 안되고 다만 악을 절대적 차원에서 막지 않는다는 것, 어떤 한계 내에서 억제하시고 있다는 것을 알아야 한다.

다시 말해서 악이 허용되는 때는 선을 위해서 도움이 되는 경우와 더 큰 악의 예방을 위해서이다. 악에 대한 허용은 인간의 자유의지를 간섭하지 않으며 인간의 책임에도 간섭하지 않는다.

주님께서 빌라도에게 말씀하신다. "나를 너에게 넘겨준 사람의 죄가 더 크다." 죄가 얼마나 더 크냐는 지식의 분량에 비례된다. 유다인은 이방인보다 죄가 더 큰데 그 이유는 유대인들은 이방인들이 갖지 못한 율법을 가졌기 때문이다.

그들은 종교를 가지고 진리되신 주님을 죽이고 무덤속에 가두워 버렸다. 이는 신성모독으로 오늘날에도 시사하는 바가 크다. 종교를 가지고 직업을 삼는 이들은 각별히 조심해야 한다. 차라리 진리를 모르는 이들은 신성모독의 지경에 이르지는 않는다. 주님은 종교를 가진 자들에 의해 십자가형을 당했음을 깨달아야 한다.

아브라함

　주님은 왜 이삭을 죽이지 못하게 하시려면 왜 처음부터 말리시지 않으셨을까? 이삭이 어린 소년이었을 때 하나님께서 아브라함을 시험해 보려고 하셨다고 기록하였다.

　우리는 흔히 "왜 하나님은 이런 시련을 내게 주셔서 나를 힘들게 하시는가?"라고 말한다. 그리고 하나님이 우리를 시험하시는 것이 아닌가? 하고 의아해 하기도 한다.

　그러나 하나님은 우리를 시험하는 분이 아니시다. 우리에게 닥치는 모든 시험은 자신 혹은 타인으로 인한 것이다.

　오히려 하나님은 수많은 시험에서 우리를 보호해 주신다. 그분이 볼 때 우리가 시험을 감당하기에는 너무 힘들어 보이기 때문이다.

하지만 인간은 강한 시험을 이겨냄으로써 성장한다. 그분은 우리가 시험으로부터 배우도록 우리의 잘못된 생각으로 인한 결과를 그대로 당하도록 놔두신다. 이를 시험이라고 한다. 하나님께서 아브라함을 시험해 보신다는 의미가 그런 의미이다.

예컨대, 부모는 자녀가 어려서 스스로 아무 것도 할 수 없을 때는 모든 문제를 해결해 주지만 자녀가 차츰 성장하게 되면 스스로 판단할 수 있다고 여겨서 스스로 하도록 내버려 둔다. 만약 부모가 자녀의 모든 만사를 처리해 준다면, 자녀의 인격은 결코 성장할 수 없을 것이다. 이렇게 되면 자녀는 비바람과 폭풍에 견뎌내는 뿌리깊은 나무가 될 수 없다.

아브라함에게 일어난 자초지종은 다음과 같다.

아브라함은 진실로 주님만을 섬기기를 원했다. 그러나 그는 어려서부터 우상을 섬기던 그런 사상에 젖어 있었다. 그 사상은 동물을 제물로 하는 것은 물론 자식까지도 하나님을 기쁘게 하는 일이라면 서슴없이 바치는 것이다.

그래서 그는 주님께 헌신하고 있음을 보여주기 위해서 그가 가진 가장 값비싼 소유물을 제물로 받쳐야 한다고 생각했다. 이 제물이 바로 아들 이삭이다.

 주님은 아브라함의 마음속에 드는 이런 생각과 먼 길을 여행하는 것을 허용하셨다. 이런 행동을 통해서 헌신을 입증하는 것이 오히려 아브라함에게 유용하였기 때문이다. 아브라함의 여행은 삼일이 걸렸다.

 삼일간의 여행은 완전을 의미한다. 즉, 완전한 헌신을 의미한다. 그가 향했던 목적지는 모리아 산이었는데 그곳은 오랜 후에 솔로몬 성전의 터가 되었다.

 다시 말해서, 주님을 전적으로 섬기고자 했던 아브라함의 소원은 시간이 흘러 그의 후손들이 도달해야 할 최고 정점의 상태를 보여준 것이다.

 먼저 그는 "아침 일찍 일어난다." 아침이란 새로운 마음 상태를 의미한다. 일어남은 시작을 의미한다.

 아브라함은 모든 것을 챙겨 가지고 모리아산 아래에 도착했을 때, 나귀와 두 종을 산 밑에 머물게 하고 아들 이삭과 불씨와 장작 그리고 칼을 챙겨 산으로 올라갔다. 그리고 아브라함은 그곳에서 제단을 쌓았다.

 우리는 주님께 헌신하고자 할 때 어차피 불완전한 생각을 가지고 출발할 수밖에 없다. 우리 자신의 생각과 느낌이 순수해지도록 노력하면서 어느 지점에 도달할 때 주님은 훨씬 더 좋은 것을 자주 보여 주신다. 작은 일에 충성할 때 주님께서는 큰 것으로 갚아주신다.

아브라함이 칼을 들어 아들을 죽이고자 했을 때, 주님은 아브라함의 행동을 멈추게 하셨다. 이제 더이상 허용하지 않으셨다. 그리고 아들 대신 "뿔이 덤불에 걸려 허우적거리는 수양 한 마리"를 보여 주셨다.

하나님께 자녀 공양은 잘못된 것이다. 하나님은 절대로 그런 명령을 내리시는 분이 아니시다. 그러면 왜 주님께서는 처음부터 여행을 말리시지 않으셨을까? 하는 것이다. 이 이야기속에는 많은 의미가 담겨 있다.

예컨대, 심사숙고하지 않고 믿음 생활을 하는 것은 곧 마음속에 이삭을 죽이는 행위이다. 다시 말하면 "덮어놓고 아멘" 하는 식의 믿음을 갖는 것은 자신의 합리성을 죽이는 일이다.

덤불속에 매여 있는 수양은 순수한 진리를 의미한다. 하나님께서는 순수한 마음을 바치도록 허락하셨다. 수양이야말로 하나님을 진정으로 섬기는데 필요하다. 그런데 그 수양이 덤불에 걸려 허우적거리고 있다. 주님은 가시덤불을 두고 마음속에 있는 재리에 대한 염려라고 말씀했다. 그러면 덤불에 걸려 허우적거리는 수양은 무엇인가?

진리의 깊은 의미를 숙고하지 않고 세속에 젖어 염려하는 상태가 바로 "덤불에 걸려 허우적거리는" 상태이다.

다시 말해서, 진리대로 살지 못하고 세속적인 사상에 걸려 허우적거리는 모습이다. 마치 요나가 큰 물고기 배속에 들어간 것처럼 세속적 원리에 진리가 삼켜짐을 당한 것이다.

요나가 물고기 배속에서 튀어 나와야만 한다.

주님은 말씀의 진정한 의미를 알 수 있도록 지각을 열어 주신다. 우리는 주님의 도움으로 덤불에 걸려 허우적거리는 마음속 수양을 풀어내어 그분께 헌물로 제단 위에 올려놓을 수 있어야만 한다. 마음속 수양이란 순진무구이다.

잃어버린 아들

허용 법칙을 아주 잘 설명해 주는 전형적인 스토리가 있다. 그것은 예수께서 말씀하신 탕자의 비유이다. "어떤 사람에게 아들이 둘 있는데 작은 아들이 아버지에게 말하기를 '아버지, 재산 가운데서 내게 돌아올 몫을 내게 주십시오' 하였다. 그래서 아버지는 살림을 두 아들에게 나누어 주었다. 며칠 뒤에 작은 아들은 제 것을 다 챙겨서 먼 지방으로 가서, 거기서 방탕하게 살면서, 그 재산을 낭비하였다. 그가 모든 것을 탕진했을 때에, 그 지방에 크게 흉년이 들어서, 그는 아주 궁핍하게 되었다. 그래서 그는 그 지방의 주민 가운데 한 사람을 찾아가서, 몸을 의탁하였다. 그 사람은 그를 들로 보내서 돼지를 치게 하였다. 그는 돼지가 먹는 쥐엄 열매라도 좀 먹고 배를 채우고 싶은 심정이었으나, 그에게 먹을 것을 주는 사람이 없었다. 그제서야 그는 제정신이 들어서, 이렇게 말하였다. '내 아버지의 그 많은 품꾼들에게는 먹을 것이 남아도는데, 나는 여기서 굶어 죽는구나. 내가 일어나 아버지에게 돌아가서, 이렇게 말씀드려야 하겠다. 아버지, 내가 하늘과 아버지 앞에 죄를 지었습니다. 나는 더 이상 아버지의 아들이라고 불릴 자격이 없으니, 나를 품꾼의 하나로 삼아 주십시오.' 그는 일어나서, 아버지에게로 갔다. 그가 아직도 먼 거리에 있는데, 그의 아버지가 그를 보고 측은히 여겨서, 달려가 그의 목을 껴안고, 입을 맞추었다. 아들이 아버지에게 말하였다. '아버지, 내가 하늘과 아버지 앞에 죄를 지었습니다. 이제부터 나는 아버지의 아들이라고 불릴 자격이 없습니다. 그러나 아버지는 종들에게 말하였다. '어서, 가장 좋은 옷을 꺼내서, 그에게 입히고, 손에 반지를 끼우고, 발에 신을 신겨라. 그리고 살진 송아지를 끌어내다가 잡아라. 우리가 먹고 즐기자. 나의 이 아들은 죽었다가 살아났고, 내가 잃었다가 되찾았다.' 그래서 그들은 잔치를 벌였다(눅15:11-32)."

이 내용은 이기적 욕심으로 자기에게 주어진 복을 모두 쾌락으로 낭비해 버린 불쌍한 인간이 비참한 환경에 떨어졌다가 깨달음을 얻고는 아버지께 돌아오는 이야기이다.

주어진 축복을 남용하여 재난에 빠진 인간의 이야기이다.

주님은 그가 재산을 다 팔아버리고 궁핍하게 된 모든 과정을 허용하신다. 그가 재난의 원인을 인식하고 진리를 사랑하게 되었을 때 신성한 영향력으로 그를 회복시켰다. 그는 새로운 질서의 세계에 들어오게 되었다.

여기서 아버지는 하늘 아버지를 의미한다. 하나님은 어리석음을 자초한 그가 재난에 빠지는 것을 허용하셨다. 그렇지만 그가 깨닫고 돌아오기를 기다리셨다.

질서를 떠난 인간이 발견한 것은 진리를 떠나서 만난 주인이 얼마나 잔혹했는가 하는 것이다. 주님을 떠난 이후에 인간은 욕망, 지옥의 사슬에 얽매인 노예로 전락된다. 그것도 역시 허용 법칙에 의해서이다. 하지만 이 때 그가 배운 것은 자기가 그토록 벗어나려고 했던 아버지 즉, 천국의 삶이 자신이 자초한 재난에서 구해 준다는 것이다. 그것은 애초에 아버지가 바랬던 바이다.

아버지는 그가 자유를 남용해서 결국 재난에 빠진 것을 허용했을 뿐이었다.

작은 아들은 아버지의 집에 함께 사는 것이 속박으로 느껴져서 더 큰 자유를 갈망했다. 그는 쾌락을 사랑해서 아버지에게 재산을 나눠 달라고 요구했다.

아버지에게 받은 유산은 영적인 의미로 자신이 어떻게 살 것인가를 가르쳐 주는 선과 진리에 관한 지식을 말한다. 영적으로 재산은 하늘의 지식을 의미한다. 이런 재산은 주님의 가르침과 교리들이다. 이런 재산을 실생활에 응용함으로 인간은 생명을 얻어 살게 된다.

그런데 작은 아들은 아버지의 집에서 함께 살 마음이 없었다. 그래서 자기에게 돌아올 재산을 나누어 달라고 요구했다. 그는 그것을 가지고 먼 나라로 떠났다. 선과 진리에 관한 지식이 자기 것이라고 여기고 독립적으로 살아가는 인간의 마음 상태이다.

주님은 선이 자신의 것인양 또는 진리가 자신의 것인 것처럼 여기는 것도 허용하신다. 허용하시는 이유는 그나마 그가 가지고 있는 수준이기 때문이다.

하지만 이런 상태는 주님의 섭리와는 정반대의 삶을 살도록 이끈다.

작은 아들은 아버지에게서 자기 몫을 떼어냄으로서 분가하였다. 이렇게 자기 고집대로 살겠다는 사람은 결국 독립적으로 살아감으로써 자기가 인생의 주인이 되었다고 느낀다.

그 뒤 그가 실패하게 되면서 그는 자신의 허점을 발견하게 된다. 자신이 여기서 굶어 죽어가고 있음을 절감한다. 그는 자기 잘못을 뉘우치고 주님의 인도하심에 기꺼이 응답한다. 주님께서 그에게 자유를 허용하셨지만 둘째 아들의 자유는 죄의 노예가 되는 자유일 뿐이었다. 진정한 자유는 진리에 순종함에 있음을 나중에서야 스스로 깨닫게 되었던 것이다.

떠남을 허용

며칠 뒤에 작은 아들은 자기 재산을 다 거두어 가지고 먼 고장으로 떠나갔다고 했다. 그는 재산이 모두 자기 것이라고 소유권을 주장하면서 아버지와 분리하였다. 며칠이라는 말은 쾌락적 상태로 떨어지는 것은 순식간이라는 말이다.

결국 작은 아들은 자기를 속박한다고 여기는 곳에서 떠났다. 그는 아주 이기적 상태가 되었다. 그의 안중에는 아버지가 자기를 위해 베푼 사랑을 조금이라도 갚아야 한다는 의무감마저 없다. 그는 먼 고장으로 떠났다. 먼 고장은 아버지에게서 멀리 떨어진 삶을 말한다. 즉, 방탕한 생활을 의미한다.

먼 고장에 도착한 아들은 육신적 쾌락을 얻고자 재산을 마구 뿌리며 방탕한 생활을 하였다. 쾌락만을 추구하는 사람은 자기의 어리석음을 경고해 주는 지식을 몰아낸다.

몰아내는 유일한 방법은 곧 정신적 재산인 하늘의 지식을 쾌락속으로 마구 뿌리는 것이다. 그 진리가 모두 사라질 때까지 욕망과 쾌락 속에 몰입한다. 그런데 자비로운 하나님은 이를 모두 허용하셨다.

재난을 허용

위와 같이 마구 뿌렸으니 돈이 떨어졌고 그 고장에 흉년까지 겹치자 그는 알거지가 되고 말았다. 이는 과히 이상할 일이 아니다. 생명의 근원되신 주님으로부터 분리될 때 진리는 생명력을 잃게 되어 영혼을 지탱할 수 없게 된다.

진리를 소비해버린 결과 이제는 쾌락마저 남겨 놓지 않은 사태가 벌어졌다. 그는 이제 모든 즐거움이 사라지게 된다. 그 땅에 흉년이 온 것이다. 이렇게 비질서적 삶에는 언제나 영적 흉년이 있게 마련이다. 그러므로 우리는 이렇게 기도해야 한다. "당신의 말씀으로 우리는 살 수 있고, 당신의 말씀 안에만 우리의 생명이 있사오니. 저를 회복시키시어 살아 있게 해주소서..."

죄인이 되는 첫 단계는 의기양양하게 세상을 정복할 수 있다고 자부하는 것이고 그 결산은 세상의 노예가 된 처절한 모습이다. 그는 자기가 지닌 모든 것을 다 탕진하였다.

마치 알맹이가 빠져서 해안가에 버려진 조개 껍질 같이 되고 말았다.

그는 이제 알거지가 되었지만 그럼에도 불구하고 그는 아버지에게 되돌아가지 않았다. 그는 하늘 아버지를 잘못 이해하고 있었다. 그는 어떤 주인에게 가서 더부살이를 시작하였다. 이는 영적 의미로 거짓된 삶의 원리로 떨어지게 된 것을 의미한다. 주인은 그를 농장으로 보내 돼지를 치게 했다. 돼지는 불결의 상징이다.

돼지떼는 이기적인 열정, 마음속에 있는 낮고 천한 욕망을 표현한다. 고로 정신적으로 돼지를 친다는 것은 이기적인 열정을 키운다는 말이 된다. 둘째 아들에게 돼지 치는 일을 맡긴 주인은 거짓 원리를 뜻한다.

돼지를 치던 이 젊은이는 너무나 배고파서 돼지가 먹는 찌꺼기라도 먹어 보고자 했다. 그가 먹으려 했던 찌꺼기는 쥐엄나무의 열매였다. 이 열매는 돼지에게 주는 사료로 사용되는 식량이다. 가난한 자의 식량으로 대체되는 열매이다. 그나마 그것마저 주는 이가 아무도 없었다.

바닥까지 내려온 작은 아들은 철저한 실험을 거친 셈이고 그 결과 침통한 슬픔에 잠겼다. 이제 그가 가고 싶은 데까지 가보고 하고 싶은 대로 해보았지만 더 이상 어떻게 해볼 도리가 없는 막바지에 이른 순간, 신성한 힘이 그에게 다가오기 시작하였다.

이제 그는 고난속에서 주님께서 남겨 두신 그루터기가 꿈틀거리기 시작한다. 마음속에 있는 더 나은 양심이 그로 회개하도록 부추긴다. 허용 법칙이 빛을 발하는 순간이다. 주님께서 그를 오래동안 참으신 결과이다.

허용 법칙의 결과

"그제야 그는 제 정신이 들었다." 이 젊은이는 합리적으로 생각하기 시작하였다. 인간은 광기가 솟아올라 쾌락 속에 빠졌다가 이성을 되찾을 때 진정 자신 안으로 돌아온다.

그리고 하늘 아버지가 자기 아버지임을 인정할 때 인간은 제정신이 든다. 그 이유는 주님과 결별하고서는 어떤 인간도 인간다울 수 없기 때문이다. 주님은 말씀하셨다. "너희는 나를 떠나서는 아무 것도 할 수 없다."

인간은 제 정신이 들게 되었을 때, 자신이 과거 타락했던 만큼 그에 비례해서 수치심을 느낀다.

깊은 슬픔 속에 있는 이 젊은이는 과거를 되씹어 보았다.

"아버지 집에는 양식이 많아서 그 많은 일꾼들이 먹고도 남는데 나는 여기서 굶어 죽게 되었구나!" 이 말은 영적으로 주님과 연결을 맺어야 행복으로 인도받는다는 뜻이다.

이 외침은 세상에서 돼지 치는 생활속에 사는 사람들에게 교훈을 준다. 영적으로 배고파 허덕이는 사람들에게 하늘 아버지의 집에 영적 양식이 풍부함을 일깨워 준다.

둘째 아들은 이제 세상이 줄 수 없는 양식을 갈망하고 있다. 하늘 아버지께 인도 받기를 거절한 자의 종착점은 악마의 노예가 되는 신세라는 것을 발견한다.

세상을 쥐고 흔들겠다고 한 그는 세상 속에서 악을 확실히 보게 되었고 자기 주위에 쥐엄 열매가 널려 있었지만 영적 배고픔으로 죽어 가는 자신을 보았다.

아버지가 아들에게 고된 경험을 통해서 교훈을 배우도록 허용하실 수밖에 없었던 이유를 알았다. "경험은 아주 고된 학교임에도 어리석은 자는 배우려 들지 않는다."

지옥의 불로 몸을 데워 보려고 발버둥쳐도 결코 어떤 것도 따뜻하게 할 수 없으며 온 몸은 추위에 덜덜 떨고 있다.

인간이 재난을 자초했어도 주님의 사랑은 여전히 그를 따라다닌다. 그리고 기회만 되면 그를 일으켜 세우시려고 한다. 하나님의 사랑이 일을 시작하셨다. 조금씩 그 사람 속에 고상한 배고픔을 일으키신다.

이때, 인간은 돼지 떼가 구역질이 나게 싫어졌다. 그는 스스로 돼지 떼를 떠나면서 "어서 아버지께 돌아가자" 하고 중얼거렸다.

정신병원을 가득 채우는 수많은 정신병은 자기만족을 채우고자 이기적 열정에 몰두하게 되어 절제있는 생활 규범을 이탈한 결과물이다. 마치 기차가 철로를 벗어나 탈선하게 된 것과 같다. 베드로의 장모가 열병에 시달리게 되었는데, 이는 주님을 섬겨야할 백성이 세속적 열정에 빠져서 탈선한 상태이다. 그러므로 올바른 질서 가운데 올바른 원리를 사랑하며 행동에 적용하려고 노력한다면, 주님께서는 우리의 잔을 채워주실 것이다.

허용 법칙이 우리에게 명백하게 가르치는 것은 죄는 우리를 먼 고장으로 이동시켜 놓고 돼지떼나 치도록 만든다는 것과 아버지의 집을 향해 가야만 살 수 있음을 말해준다.

인간에게는 지옥의 자만이 꿈틀거릴 때 좀 더 일찍 깨달았다면 수치스러운 경험을 하지 않아도 되었을 것이다.

예컨대, 가나안 땅을 정탐한 뒤 두 명만 제외하고 겁에 질려 싸우고 싶지 않았던 이들은 모두 광야에서 죽어야만 했다. 거듭나는 삶도 이와 마찬가지이다.

세속적이고 이기적인 것만 사랑하려는 품성은 거룩한 땅에 진입하기 전 시험이라는 광야에서 몽땅 죽어야만 되는 것들이다.

 인간 영혼에는 하나의 고향, 한 분 아버지밖에 없다. 고향을 떠나서는 진정한 어떤 기쁨이 존재하지 않는다.

허용 법칙의 영향력

 이 비유를 영적으로 생각해 보면, 이 비유는 정신적으로 일어섬, 높은 목적으로 마음과 삶을 승강시켜야 함을 취급하고 있다.

 예수께서 제자들에게 "일어나라, 이제 가자"라고 말씀하셨다. 그러므로 영혼을 만족시켜 줄 수 없는 낮은 차원의 생각과 행동에서 일어나야 한다. 죄인에게 유일한 희망은 주님께 있다. 이제라도 아버지께 죄를 고백해야 한다. 주님께서 새로워진 삶을 주시도록 그분의 사랑을 찾아야만 한다.

 참회하는 죄인은 겸손하다. 그는 이렇게 말한다. "이제 저는 감히 아버지의 아들이라고 할 자격이 없으니 저를 품꾼으로라도 써 주십시오."

 이제 그는 스스로 영적 자유를 조절해 가기에는 너무 미흡한 고로 자기 처지에 맞은 낮고 천한 신분을 원한다.

이 죄인의 고백은 그야말로 100% 자신을 드러내는 허심탄회한 고백이다. 그는 아버지의 명령에 따라 그분을 섬기겠다고 고백한다.

"아버지, 저는 하늘과 아버지께 죄를 지었습니다" 이 말속에는 죄는 신성한 사랑에 반대되고 신성한 지혜에 의해 까벌려지며 신성한 법칙에 의해 금해진다는 것임을 함축한다.

인간이 돌아가겠다는 노력을 시작했을 때, 아버지는 깊은 애정으로 그를 받아 주신다. "아버지가 아들을 보았다"는 주님께서 인간을 관찰하신다 는 사실을 인간이 인식한 것을 말한다. 인간 이해에 운행하시는 하나님의 섭리이다.

"아버지가 측은함을 가졌다"는 말은 주님은 언제나 인간을 사랑하신다는 것을 당사자에게 보여주신다는 말이다.

아버지가 그를 만나러 "달려갔다"는 것은 주님의 역사가 인간 생명에 작용한 것이다.

인간이 주님께 돌아갈 때는 마치 주님께서 자신에게 달려오는 것처럼 느껴진다. 주님은 언제나 우리와 함께 하시고 인간이 마음 문을 얼마나 더 여느냐는 하는 만큼 더 가까워진다.

아버지는 제일 좋은 의복을 둘째 아들에게 입힌다. 예복은 진리에 관한 지식이다. 이 지식이 참회자에게 주어져서 하늘의 원리가 옷입혀지게 된다. 주님께 돌아오는 과정 중 첫째 되는 지식은 주님이 어떤 분이신지, 어떻게 그분이 자신을 도우시는 지에 관한 지식을 새롭게 하는 것이다.

그 다음 손에 가락지를 끼운다. 이는 주님이 그를 사랑하고 도우심에 대한 확증이다. 반지는 뭔가를 확증하는 것에 대한 징표이다.

그 다음 신발이다. 신은 노예가 맨발로 다니는데 비교해서 자유로움의 표시이다. 신은 일상 생활에 관한 교리를 표현한다.

그 다음 살진 송아지를 잡았다. 잡는다는 단어는 제물을 의미한다. 그리고 제물은 거룩하게 만듦을 뜻한다. 그래서 기쁨은 변화에 의한 영적 기쁨을 표현한다.

잔치를 위해 살진 송아지를 준비하는 것은 우리가 주님께 나아갈 때 새로운 상태에 진입되는 마음 상태의 준비이다.

이렇게 해서 회개한 사람들은 각자의 신실한 정도에 따라 주님을 사랑하고 이웃을 사랑하는 기쁨을 누리게 된다.

집주인과 더불어 잔치에서 먹는다는 것은 마음과 지성, 삶에서 천국의 기쁨을 음미하는 것을 말한다.

잔치 자리에서 아버지는 말했다. "죽었던 내 아들이 다시 살아왔다. 잃었던 아들을 다시 찾았다" 라고 선포한다.

그는 하늘 아버지의 집에 대하여도 죽었고 천국에 대해서도 죽어 있었다. 죄인은 선과 진리가 죽은 상태이다. 그러나 그가 회개함으로 거듭나면서 영적 생명이 살았다.

허용 법칙의 단계

오늘날 방탕한 아들은 단지 물질적 재산만을 낭비한 사람을 말하는게 아니다. 영적으로 선과 진리에 관한 지식을 습득한 교인이 거짓에 빠져 진리에 순종하지 않는 사람들을 말한다. 선을 행할 줄 알면서도 행하지 않는 자이다.

이는 남편있는 여인이 쾌락을 위해 다른 남자에게 모두 탕진하는 것과 같다.

둘째 아들은 배고픔과 궁핍으로 인해 거듭남이 시작되었다. 허용 법칙의 과정을 보면 여섯 단계를 통과해서 일곱 단계에 진입한다. 즉, 자아의 상태 → 어리석은 행동 → 비참해짐 → 자아 인식 → 회개 → 개혁 → 평화의 단계이다. 이 것이 새 창조의 단계이다. 자아의 상태, 어리석은 행동, 비 참해짐은 허용 법칙의 전 단계이고, 자아 인식, 회개, 개혁, 평화의 단계는 허용 법칙의 결과이다.

 이와같이 허용 법칙은 처벌을 위한 목적이 아니라 비참한 삶속에서 자신의 행동을 스스로 보게 하여 그 악에서 빠져 나와 새로운 진리를 주셔서 구원에 이르도록 하는데 초점이 맞추어져 있다.

 주님은 형사가 아니시고 위대한 외과 의사이시다. "하나 님이 아들을 세상에 보내신 것은 세상을 정죄하시려는 것이 아니라 아들을 시켜 구원하시는 것이다.", "잃은 것을 찾 게 해서 구원하시려는" 분이 곧 주님이시다.

서로 나누기

☞ 배운 것을 삶에 적용할 수 있도록 서로 나눠봅시다.

● 거듭남

위대한 원리는 다음과 같이 매우 간단하다. 생명은 하나만이 존재하고 그 하나의 생명은 주님의 생명이시다. 주님과 우리가 올바른 관계, 즉 그분에 대한 사랑과 믿음, 그리고 순종을 유지하는 한 우리는 복되고 행복해진다. 이런 조건은 주님의 계명을 지킬 때 존재 가능하다. 주님과의 올바른 관계가 이기심과 죄악으로 썩어질 때는 언제든지 인간은 행복의 근원에서 자신을 스스로 잘라낸다. 그렇게 잘린 상태에서도 제정신이 들어 회개와 개혁이 된다면, 그는 주님과의 연결을 회복할 수 있다. 이것만이 주님께서 인간을 거듭나게 하실 수 있도록 한다.

● 생각해 보기 ●

–유황불 비가 내린 것은 무엇을 의미하는가?

– 악이 악을 저지한다는 말은 무엇인가?

–거라사의 귀신은 주님께 뭐라고 요청했는가?

– 빌라도에게 권한에 대해 말해보라.

–주님께서 가룟유다가 죄지을 것을 알고 계심에 대해 말해보라.

– 왜 하나님은 아브라함의 삼일 길을 미리 막지 않으셨는가?

– 잃어버린 아들을 통해 허용 법칙의 단계를 말해보자.

Part04

–

허용 법칙의 목적

God's Permission

허용 법칙의 목적

예수께서 길을 가시다가 태어나면서부터 눈먼 소경을 보셨다(요9:1). 주님께서 소경을 보셨다는 것은 물리적으로 보았다가 아니라 인생길에 지친 대상을 지각하셨다는 것이다. 주님께서 보셨던 이 사람은 출생 때부터 소경이었다.

소경은 단순한 의미에서 영적 무지를 상징하지만 이 경우는 태어나면서부터 소경이라고 하였다.

이 말씀은 모든 사람에게 개인적으로 적용되는 말씀이다.

즉, 진리에 관해 무지하지만 섭리의 길에서 구원받을 준비가 된 사람들의 상태를 묘사한다. 주님께서 이 사람을 주시하면서 멈추셨을 때 제자들이 주님께 물었다.

"저 사람이 소경으로 태어난 것은 누구의 죄입니까? 자기 죄입니까? 그 부모의 죄입니까?"

누구든지 부모나 조상의 결점 때문에 소경으로 태어나지는 않았을까 하고 추측해 볼 수는 있다. 사실 이 질문은 혼란스런 제자들의 마음을 표현해 준다.

예수께서 대답하셨다. "자기 죄 탓도 아니고 부모의 죄 탓도 아니다. 다만 저 사람에게서 하나님의 놀라운 일을 드러내기 위한 것이다."

주님은 질병이 그 사람 자신 또는 부모 죄의 결과가 아니라고 가르치신다. 나면서 소경된 것 즉, 진리에 대한 어둠은 복된 목적을 위한 주님의 허용이라고 말씀하셨다.

모든 사람은 영적 무지에서 태어난다. 인간은 주님께서 그의 이해력을 열어 주실 때까지 영적 차원의 소경이다. 그렇지만 하나님의 목적이 그 속에 담겨 있다.

주님의 오심은 예언서에서 소경의 눈을 여시고 죽음의 그늘과 어둠에 앉은 그들에게 빛을 주시기 위함이다.

악을 제거하기 위함

허용 법칙은 악을 제거하기까지 하나님의 오래 참으심이다. 하나님은 선 그 자체이시므로 인간이 악을 가지고서는 하나님의 나라에 들어갈 수가 없다. 누구든지 그 나라에 들어가려면 스스로 악을 제거해야만 한다.

중요한 것은 스스로 악을 제거해야만 한다는 것이다. 인간이 자기 의지를 가지고 악에서 벗어나야만 한다.

하나님이 악을 허용하시는 이유는 무엇인가? 그러면 하나님이 인간에게 악을 허용하신 이유를 말하고자 한다.

첫째로는 인간이 악에서 벗어나게 되면 선을 향해 갈 수 있기 때문이다. 선을 향한 방향 전환을 거듭남이라고 말한다. 인간이 선으로 거듭나려고 하면 먼저 악이 물러나야 한다.

야생 짐승이 물러나야만 양들이 살 수 있고, 가시덤불이 제거되어야만 곡식을 심을 수 있다.

인간에게는 부모로부터 물려받은 유전 악으로 인해 정욕이 가득하다. 유전악에 이끌리어 살면 절대로 선을 행할 수 없다. 선이 없이는 그 나라에 들어갈 수 없다. 선의 근원지는 하나님이기 때문이다. 만일 인간이 악을 멀리 몰아내지 않고 그대로 가까이 둔다면 그가 죽은 후에 그 악은 그대로 남아있게 된다. 그렇게 되면 악을 안고 그 나라에 가게 된다. 하나님께서 인간에게 악을 허용하신 이유는 인간 스스로 악을 버리라는 뜻이다. 악을 자원해서 버릴 때만이 진정 거듭날 수 있기 때문이다.

둘째로 악을 드러내기 위함이다. 악이 겉으로 드러나야 하는 이유는 악을 발견해야만 악을 없앨 수 있기 때문이다. 악으로 인한 후유증을 발견해야만 악을 미워할 수 있다. 그러므로 인간은 자신의 행동과 생각을 면밀하게 검토해야 한다. 그간 스스로 죄가 없다고 하거나 죄를 죄로 여기지 않았던 부분이 있는가? 스스로 자기 자신에게 죄가 아니라고 여겼던 것은 무엇인가? 를 검토해야 한다.

하나님은 인간에게 자신의 내면을 볼 수 있는 눈을 주셨다. 즉, 이해력을 주셨다. 이해력은 자기 자신을 검토하도록 하기 위함이다. 인간은 이해력으로 자신의 생각을 인식할 수 있다. 이는 마치 거울속에 비친 자신의 얼굴을 들여다보는 것과 같다. 이해력을 가지고 자신을 검토해서 죄를 발견하였다면 그 후에는 어떻게 해야 하는가? 당연히 죄를 버려야할 것이다. 만일 인간이 죄를 발견하고, 죄에서 벗어나고자 노력한다면 그는 영적 분별력이 생기고 선에 대한 깨달음이 올 것이다. 그러니까 선과 악을 구분할 수 있게 된다. 그래서 선을 행하게 되고 하나님의 인도를 받을 수 있다. 마치 빛이 들어옴으로 어둠이 물러나듯이 말이다.

교인이라고 하는 자들 중에 자신의 죄인이라고 말은 하지만 자신에게 무슨 죄가 있는지 모른 채 그저 죄인이라고 말을 하는 자들이 있다. 자신이 죄를 지으면서도 죄를 모른다. 자신을 죄인이라고 하는 것은 남들이 죄인이라고 말을 하니 따르는 것 같았다. 그는 자기가 모르는 것을 끊을 수 없고 더구나 악을 대항하는 일은 더욱 할 수 없다. 그런 식의 고백은 다만 눈을 어둡게 할 뿐이다.

어떤 자는 자신은 이미 죄용서 받았다고 주장한다. 과거의 죄, 현재의 죄, 미래의 죄까지 이미 다 용서받았는데, 왜 죄를 회개해야 하는가? 라고 하면서 담대하게 말한다. 이런 자들도 자신의 악을 찾지 않는다.

그런 자의 말을 들어보면 믿음으로 구원받았다고 떠드는 자이다. 그들은 스스로 주문 외기를 나는 믿음이 있기 때문에 이미 구원받았고 천국에 갈 수 있다고 주장한다. 또 하나님이 모든 죄를 씻어주셨는데 내가 왜 죄를 회개해야 하는가? 말한다. 하지만 그들의 믿음은 행함없는 죽은 믿음이고, 자기 신념에 불과하다. 이들의 영혼의 상태는 저세상에서 모든 것이 분명하게 드러난다. 그 나라에서 모든 것이 밝혀진다면 그는 비참한 지경에 떨어지게 될 것이다.

너무나 깊게 세속에 젖어서 죄 자체를 죄로 보지 못하는 자도 있다. 이들은 죄가 무엇이냐 말할 정도로 죄를 모른다. 반면에 무엇이 선인지도 모른다. 온통 거짓에 빠져 있다. 그런 자에 대한 성경의 비유가 있다.

씨가 가시떨기 위에 떨어져서 가시가 자라서 기운을 막았으며, 가시떨기에 뿌려졌다는 것은 말씀을 듣지만 세상의 염려와 재물의 유혹에 말씀이 막혀 결실하지 못하는 자이다 (마13:22). 진리를 들어도 세속에 젖어서 듣지 못하는 상태이다. 귀가 막힌 자들이다.

또 자신은 의롭다고 여겨서 자신에게 악이 있는지조차 모르는 자도 있다. 그래서 악을 버릴 수도 없다. 자신의 악을 모른다고 하는 것은 결국 악을 버릴 수 없다는 말이다. 이런 자들의 모습을 보면 모든 것을 정당화한다. 심지어 남의 것을 빼앗으면서도 자신에게는 이럴 권리가 있다고 주장하기도 한다. 이런 자들은 복수하고자 기회를 엿보며 언제[나 입을 악물고 사는 자들이다. 형편이 이렇기 때문에 이들에게서는 아무런 죄책감을 발견할 수 없다.

마치 2차 세계대전 당시 많은 독일인이 유대인을 죽이거나 학대하는 것이 당연하다고 믿었던 것과 같다. 그들은 유대인은 죽어도 된다고 믿었다.

그러면 왜 악을 찾아서 들추어내야만 하는가?

악을 찾아서 들추어내지 않으면 악을 보호하는 것이기 때문이다. 이는 결국 몸속에 이물질이 들어 있는 것과 같아서 이물질을 빼내지 않으면 몸전체에 이상 증상이 오는 것과 같다. 고로 이물질을 찾아내서 없애버려야만 한다.

악을 옮기기 위함

 우리가 갖는 잘못된 인식이 있다. 그것은 악이 눈 녹듯이 없어져 버린다고 생각하는 것이다. 그렇지 않다. 회개하면 악이 없어지는 것이 아니고 단지 마음의 중앙에서 가장자리로 멀리 옮겨지는 것뿐이다. 그러므로 사람은 언제든지 이전의 악으로 되돌아갈 수 있다. 그의 목적하는 바가 바뀌지 않는 한 이전의 자리로 되돌아갈 수 있다. 악한 귀신에 사로잡혀 이럴까 저럴까 하면서 생각의 혼돈에 빠진 이가 있다. 그는 철로를 이탈해 버린 기차처럼 방향 감각을 잃어버렸다. 언제나 사람들에게 혼선을 야기하고 좌충우돌하며 변덕을 끊임없이 반복하면서 욕심과 정상적인 삶 사이에서 방황하였다. 그는 거칠었기 때문에 아무도 그를 제지하기 어려웠다. 그의 목적은 언제나 자기중심적이었다. 그리고 세속적이었다. 마치 무정부 상태처럼 혼란이 그의 주인인 것처럼 보였다. 이런 식으로 그는 혼란 그대로 인생을 꾸며 나가고 있었다.

선용을 위함

우주만물은 하나의 큰 목적을 가지고 있다. 그것은 선용이다. 자연은 타인의 유익을 위해 희생하는 원리를 가지고 있다. 땅은 씨를 위해 양분을 내어주고 짐승은 새끼를 위해 먹을 것을 가져다주며 고기를 내어준다. 식물은 열매를 새와 인간들에게 내어준다. 이렇게 자연 만물은 선용하면서 순환해 나아간다. 자연은 선용의 질서를 가지고 운행한다. 그러므로 인간도 역시 질서대로 살면 결국 선용을 하게 된다.

영원의 목적

창조의 목적지는 영원한 나라이다. 예컨대, 작은 씨에서 싹이 트고 가지와 줄기가 나며 잎이 무성하고 꽃을 피우며 열매를 맺을 뿐 아니라 씨앗을 재생산한다. 이것이 자연 질서이다.

 나무의 성장을 인간에게 적용하여 비유한다면 하나의 상응이 있다. 즉. 씨가 심겨져서 싹이 나고 가지가 나오는 것은 유년기에 해당되고 가지가 굵은 줄기가 되는 것은 소년기이며 잎이 자라는 것은 청년기에 해당된다. 또한 따뜻한 봄에 꽃을 피우는 것은 혼인과 비유할 수 있다. 꽃에 나비가 날아들어 꽃이 수정된다. 이는 인간의 발달 과정을 비유한 것이다.

 이렇게 수목은 성장과 발전이 있다. 인간도 거듭남을 통해서 발전이 있다. 하나님은 인간이 나면서부터 일생을 마칠 때까지 계속적으로 섭리하신다. 조금도 흐트러짐이나 오차 없이 인간을 보살펴 주신다.

 하나님은 인간이 사후에 어떻게 될 것을 미리 보시고 그가 현재 이대로 가면 그 나라에 도달하지 못할 것을 염려하시며 일생을 마칠 때까지 섭리하신다. 만일 그가 악한 짓을 계속할 경우 인간이 악을 버리도록 섭리하신다.

 허용의 법칙에 의해 인간이 악을 버리도록 하시기 위해 여러 방법으로 섭리하신다. 하나님의 섭리에도 불구하고 계속 악행할 경우에는 하나님도 어쩔 수 없다. 그 이유는 인간의 자유의지 때문이다.

하나님이 선한 길로 인도하시고자 섭리하지만 그가 구원을 원치 아니하면 그 누구도 강제로 선한 길로 돌아오게 할 수는 없다. 어떤 이의 말처럼 자신은 하나님이 강제적으로 이끌었다고 말하기도 하는데, 하나님은 강제하시는 분이 아니시다. 그가 진정 구원얻기 원한다면 하나님을 시인하고 하나님의 인도를 받아야 하고 하나님을 시인하지 않고 자신의 욕망대로 살아간다면 절대로 구원얻지 못한다.

선한 자인 경우에는 하나님의 섭리는 물이 높은 곳에서 낮은 곳으로 흐르듯이 모든 매사가 합력하여 선으로 인도하신다. 이런 관점으로 본다면 악한 자는 하나님의 허용과 철회로 그들의 미래가 결정되고 선한 자는 허용과 인도하심으로 사후가 예비된다. 하나님이 인간의 미래를 이렇게 내다보시고 예비하지 않으신다면 사후에 가야할 천국과 지옥은 매우 혼란스럽고 불투명해질 수 밖에 없다.

그러므로 당신에게 미래는 곧 현재이며 그리고 현재는 곧 영원임을 알라.

하나님의 섭리는 영원을 향해 나아가며 영원히 지속된다. 그가 이 세상에 살아가는 동안 선과 진리의 애정에 따라 사후가 결정된다. 이런 상태에 따라 영원이 완성된다.

섭리의 수단

하나님의 섭리의 수단은 무엇인가? 그것은 진리이다. 진리를 실천하는 도구는 마음이며 마음은 이해와 의지로 구성된다. 진리는 사상의 세계이다. 진리를 기준해서 관념, 기억이 생긴다.

인간이 진리를 실천하게 되면 마음이 온전해진다. 마음이 온전해진다는 것은 참 사람이 되어간다는 의미이다. 왜 그런가?

인간이 진리를 실천한다는 것은 질서의 다양함을 드러내는 것과 같다. 갓난아이로부터 시작해서 죽음에 이르기까지 질서의 다양함은 그 수효로 말하자면 무한에 이른다. 어떻게 무한에 이르는가? 그 비밀은 이렇다. 무엇이든지 어제한 일은 오늘보다 앞선다. 그리고 오늘 일은 내일의 수단이 된다.

오늘 일이 수단이 되어 내일을 결정하고 내일이 수단이 되어 모레를 만든다. 이런 과정으로 연속된다. 그러므로 어제의 진리는 내일의 지혜가 되어 영원에 이른다.

이 과정은 영원까지 진행되며 그 지혜는 끝이 없다. 마치 햇빛이 각종 보석에 비추면 다양하게 색깔이 나오는 것처럼 진리는 그렇게 다양하게 광채를 드러낸다. 그것이 진리의 아름다움이다.

진리가 무한한 것처럼 선도 무한하다. 인간이 선을 유지할 수 있는 것은 의지이다. 마음속 의지가 선을 지향하면 언제나 진리의 인도를 받는다. 그래서 선과 진리는 언제나 동행한다. 하나님의 섭리는 이렇게 마음속 이해와 의지가 진리와 선을 추구하고 실천하는 것이다.

하지만 인간은 대체적으로 지식이 적다. 인간은 자기의 눈이 어떻게 세상을 보고 귀는 어떻게 듣고 코는 어떻게 냄새를 맡으며 혀는 어떻게 맛을 보며 위는 어떻게 소화를 하고 간은 어떻게 피를 걸러내며 신장은 불순한 체액을 분리시키는지 알지 못한다. 질서의 세계는 다양하고 무한하지만 인간의 지식은 적고 부족하다.

두 종류의 사랑

사랑에는 두 종류가 있다. 자신을 위한 사랑과 선용을 위한 사랑이다. 자기 사랑은 지배욕과 명예욕, 소유욕이고 선용을 위한 사랑은 이웃 사랑이다. 자기를 사랑하는 자는 이웃을 사랑하지 않고 타인을 업신여기며 이웃을 속이며 타인의 아내와 정을 통하고 분노를 일삼는다. 지옥에 있는 자는 이런 악의 즐거움으로 산다. 그러나 이런 악을 싫어하면 천국을 향하게 된다. 두 사랑은 천국과 지옥이 다른 것처럼 서로 다르다.

보통 인간들은 두 사랑의 차이를 제대로 알지 못한다. 다시 말해서, 자신을 위한 것인지 선용을 목적하는지 잘 모른다. 자기를 사랑하고 세속에 젖은 자는 선용하고자 하는 마음은 있지만 결국 자신의 명예와 이익을 위한다. 그러나 선용하는 사람은 주님으로부터 행한다. 인간은 악마의 명령대로 움직이는 지, 주님의 명령대로 움직이는 지를 잘 알지 못한다. 악마의 명령대로 움직이는 자는 자신과 세상을 목적하며 주님의 명령에 순종하는 자는 천국을 목적한다.

서로 나누기

☞ 배운 것을 삶에 적용할 수 있도록 서로 나눠봅시다.

● 너희의 머리카락까지도 낱낱이 다 세어 두셨다

머리카락은 지혜의 원리 중에서 최말단 부분에 해당된다. 가장 작고 가장 낮은 수준에 이르기까지 모든 것을 하나님은 알고 계실 뿐 아니라 그분에 의해 점검된다.

하늘과 땅의 모든 만물은 섭리를 주관하시는 하나님의 감독을 받고 있다. 주 하나님 지으신 모든 세계는 그분이 다스리신다.

주님께서 미세한 부분, 하찮은 듯 여겨지는 항목까지 다 돌보고 계신다면 가장 높은 세계를 돌보고 계심에 대해 의심의 여지가 하나도 없다. 주님이 다 알고 계심에 대해 당신은 어떤 마음이 드는가? 기쁜가? 아니면 두려운가?

●생각해 보기●

- 악을 허용하시는 목적은 무엇인가?
- 유전악을 가지고 살면 어떻게 되는가?
- 악을 드러내는 이유는 무엇인가?
- 만물은 무엇을 목적으로 움직이는가?
- 창조의 영원한 목적지는 어디인가?

Part05

—

허용 법칙의 종류

God's Permission

허용 법칙의 종류

허용 법칙의 다양한 종류를 알아보고자 한다. 하나님의 섭리는 하늘과 땅의 세계, 영원부터 영원, 지극히 작은 것에서부터 큰 일에 이르기까지 천하만물 모든 영역에 미친다.

태고로부터 현재에 이르까지 하나님은 인간에게 허용 법칙을 활용하신다. 태고적 아담과 하와는 뱀의 꾐에 빠져 선악과를 먹었으며 이로 인해 저주를 받아 남자는 이마에 땀을 흘려야 하고 여자는 해산의 고통을 갖게 되었지만 하나님은 이를 막지 않으셨다. 어떤 이는 이를 두고 왜 하나님은 그것을 막지 않았을까 하지만 여기에도 하나님의 목적은 분명하다. 그것은 태고 시대 사람들의 거듭남을 위해서이다. 아담이라는 의미는 히브리어로 "사람"이라는 뜻이다. 아담은 그 당시의 사람들의 상태를 말한다. 아담과 하와의 범죄는 당시 교회의 상황과 종말을 설명한 것이다. 태고 시대 인간들의 죄악된 모습이 드러난 것이다.

형 가인이 아벨을 죽이는 장면이 등장한다. 하나님은 가인이 아벨을 죽이는 것을 말리지 않으시고 죽인 다음에 그를 저주하셨다. 이는 무슨 의미인가?

가인은 영적으로 사랑을 떠난 믿음을 의미하고 아벨은 행함이 있는 믿음을 의미한다. 가인이 아벨을 죽인 것은 사랑 없는 믿음이 행함이 있는 믿음을 죽인 것을 의미한다.

그리고 가인을 저주한 것은 사랑을 떠난 인간들의 저주받은 영적 상태를 의미한다. 그럼에도 불구하고 가인이 멸망 당하지 않도록 표를 주어 죽음을 미연에 방지하였다. 이를 영적 의미로 보면 사랑 없는 믿음의 결국을 보여준 것이다.

이스라엘 백성은 광야에서 금송아지를 모시고 하나님으로 예배하였으나 하나님은 이를 막지 않으셨다. 이스라엘 자손을 이집트에서 이끌어내신 것은 우상숭배를 마음에서 뽑기 위한 주님의 섭리이다.

하나님께서 우상 숭배하는 그들의 악을 그대로 두신 이유는 마음속 우상숭배를 외부로 드러내기 위함이다. 그들이 우상숭배로 인해 모두 멸망당하지 않도록 하기 위함이다.

악한 자의 성공

어려서부터 모태신앙을 가지고 있는 자가 있었다. 그는 주일학교를 거쳐 교회생활에 아주 익숙하다. 그는 교회에 출석하며 성경공부를 하였고 나름대로 믿음이 있는 것처럼 보였다. 그는 하나님이 한 분이신 것을 믿고 있으며 예배드리는 일에도 열심이었다. 그가 성인이 되면서 자신도 모르게 마음속에서 한 가지가 싹트고 있었는데, 그것은 하나님이 자신을 축복하실 것이라는 믿음이었다.

하나님이 주시면 자신은 재벌이 될 수 있고, 하나님이 주시면 무엇이든 가능하다고 믿었다.

그는 성경말씀 중에 "할 수 있거든 무엇이냐 믿는 자에게는 능치 못함이 없다는 말을 자주 되새겼다. 그는 예수를 믿어 영웅이 되고자 꿈꾸었다.

그는 생각하기를 예수 믿고 축복을 머리속에 그리면 무엇이든 될 수 있다고 믿었다. 그리고 사회적으로 높은 지위에 오르거나 많은 돈을 벌 수 있다고 믿었다. 이것이 믿음이라고 여겼다. 그리고 그는 많이 돈을 벌었다. 그러자 사람들은 그에게 축복받은 자라고 추켜세웠다. 그는 각 교회에 다니면서 하나님이 자신에게 이렇게 축복해 주셨노라고 자랑하였다.

 시간이 지나면서 그는 본래의 궤도를 이탈하기 시작하였다. 그는 교만해졌고 교회에 가기 보다는 해외에 다니면서 골프 모임을 더 즐겨하게 되었고 여자들을 찾아 다녔고 좋은 음식과 안락한 집이나 온갖 쾌락에 젖어 살게 되었다. 결국 그의 가정은 산산조각이 났고 하나님과는 관계없는 인생을 보내게 되었다. 그는 자신이 열심히 신앙생활을 했는데도 하나님은 자기를 버렸다고 말을 하면서 하나님을 원망했고 믿음을 가져도 소용없다는 말을 하면서 결국에는 하나님을 부인하였다.

허용 법칙의 관점

 불의한 자에게 재물은 오히려 하나님을 섬기는 데는 장애물이 되었다. 왜냐하면 그는 하나님을 섬기기 보다는 사회적 지위나 돈이 목적이었기 때문이다. 만일 그가·사회적 지위나 재물을 탐닉하지 않고 재물을 선을 실천하기 위한 도구로 여기지 않았다.

그러나 그는 돈을 사랑하였고 사회적 지위를 사랑하는 자에 불과했다. 결국 그는 자만에 의한 자아 숭배자에 불과하였다. 자기 만족이나 쾌락을 위해 목표로 삼는 자는 주어진 위치를 가지고 선용하지 않는다. 이를 악용하여 육신의 정욕과 안목의 정욕을 취하며 이생의 자랑을 한다.

만일 어떤 자가 자기보다 낮은 지위나 신분을 가진 자를 보면서 우월감에 도취되거나 큰 행복감에 젖는다면 그는 자아만족이 주는 흥분을 느끼고 있는 중이다.

그러므로 주님께서 원하시는 것은 선용 실천이다. 이것이 주님의 섭리이다. 주님의 나라는 선용의 나라이다. 세상에는 하나님을 사랑하여 선하게 살고자 하는 사람은 적고 오히려 돈을 벌어 자기 만족을 위해 살고자 하는 자는 부지기수이다.

이들은 사람들로부터 영광 받고자 한다. 이들은 선용을 목표로 지위를 얻고자 하지 않으며 오로지 명예욕과 성취욕을 불태울 뿐이다. 이들은 자아 숭배자들이다. 이들이 기도를 하는 것은 출세를 하기 위함이요 자기 욕망을 성취하고자 하는 것뿐이다.

하나님께서 악한 자가 높은 지위를 갖고 많은 재물 얻는 것이 허용하시는 이유는 비록 위선적이지만 사람들에게 보이고자 나름대로 좋은 일을 하기 때문이다. 비록 의도는 순수하지 못하지만 봉사하기 때문이다. 그가 존경받고자 혹은 명예나 공로를 위해서 베풀지만 주님을 그것조차도 허용하신다.

전쟁의 허용

지구 곳곳에서는 약탈, 테러, 살인, 납치 등이 일어나고 있다. 전쟁은 작게는 부부에서부터 대인 관계 나아가 국가 간에 일어난다. 전쟁은 결코 이웃 사랑에서 오는 것이 아니다. 인간이 사는 이 세상은 현실적으로 전쟁이 일어나고 있으며 전쟁으로 인한 폐해는 이루 말할 수 없다.

전쟁으로 인해 피투성이가 된 채 울부짖는 아이들과 자녀를 부둥켜안고 처절하게 고통스러워하는 부모들을 본다.

인간들은 국가 간의 전쟁으로 다른 사람을 지배하고 재물을 빼앗고 영역을 넓혀간다. 오늘날 부부간에 벌어지는 소송과 이혼 등과 같은 것도 전쟁이라고 말할 수 있다.

인간의 자아 사랑과 세상사랑은 언제나 전쟁을 일으키는 동력이 되어왔다. 고로 이것이 존재하는 한 전쟁은 없어지지 않을 것이다.

허용 법칙의 관점

전쟁이 일어나는 이유는 무엇인가? 인간은 선천적으로 악의 본성을 가지고 있다. 인간이 눈이 열려서 자신에게 있는 악을 성찰하지 못하면 결코 악에서 벗어날 수 없다. 인간에게 악이 있음은 크고 작은 전쟁을 피할 수 없다는 말이다. 개인과 개인 간에 벌어진 전쟁은 법에 의해 통제되지만 큰 전쟁은 국제 법에 의해 통제된다. 하지만 인간의 욕심은 법을 무시하며 이를 이용하여 이득을 취하고자 다양한 방법을 동원한다.

　전쟁은 하나님의 섭리속에 있음을 알아야 한다. 우리가 알아야 할 것은 지극히 작은 것 하나도 우연이란 있을 수 없으며 그 속에는 섭리가 존재한다. 작은 일에도 섭리를 인정한다면 전쟁속에 섭리가 존재함을 인정할 수밖에 없다. 어떤 이들은 전쟁을 현명한 전략과 작전에 의해 승리하였다고 믿고 또는 전쟁을 운이라고 믿지만 어떤 과정을 거치든지 관계없이 전쟁은 섭리가 내재해 있다.

　통치자는 그가 원한다면 전쟁을 준비하고 계획할 수 있고 전쟁을 일으키기도 한다. 하지만 그가 어떤 마음으로 시작하든지 간에 그것은 하나님의 섭리 가운데 있다.

　그런데 주님께서 왜 이런 전쟁, 약탈, 폭행, 싸움을 사전과 초기에 미리 막으시지 않고 쌍방이 파멸의 위험에 임박할 때에서야 전쟁을 막으시는가?

　그것을 알려면 먼저 구약 성경에 등장하는 이스라엘 민족과 다른 민족 간의 전쟁을 보아야 한다. 이스라엘 민족은 아모리, 모압, 블레셋, 시리아, 애굽, 갈대아, 앗수르와 끊임없는 전쟁을 하였다. 영적인 면에서 이런 전쟁은 이스라엘 민족이 죄에 빠지고 악에 심취했을 때 이방 나라를 막대기로 징벌하신 것이다. 이스라엘 민족이 계명을 어기고 우상숭배에 빠지거나 거룩한 것을 모독했을 때 이방 나라 즉, 앗수르나 갈대아 족속을 통해서 벌을 받았다. 앗수르나 갈대아 족속은 거룩에 대한 모독을 의미한다. 마찬가지로 개인이든 국가이든지 간에 전쟁과 싸움은 이와 같은 영적 원리에 적용된다. 자연계에서 일어나는 모든 일은 영적인 일의 그림자이다.

어느 두 나라가 전쟁을 한다고 하자! 예를 들어, 남한과 북한이 전쟁을 한다고 할 경우, 이것이 성경에 있는 이스라엘 민족과 이방 나라와 대응할 수 있다. 다시 말해서, 어느 나라는 아모리 족속, 모압 족속, 블레셋 족속과 해당된다. 또 어느 나라는 이스라엘 민족에 해당된다.

그러나 그 나라가 악이 어떠한지 어떤 악으로 인해 징벌을 받았는지 알 수는 없다. 분명한 것은 이들 나라들은 하나의 어떤 상태를 의미하며 하늘에서는 그 상태에 맞게 연결된다는 것이다.

이런 영적인 충돌로 전쟁이 벌어진다. 이는 뜻이 하늘에서 이루어지는 것같이 땅에서 이루어지이다 는 주기도문처럼 하늘과 땅은 아주 밀접하게 연결된다. 영적인 사람은 이런 사실을 분명히 인식한다.

악의 허용

왜 세상에는 악한 자가 있는가? 악한 자들의 행위를 보면 기괴하고 뻔뻔하며 파렴치하다. 이들은 양심이라고는 눈꼽만큼도 찾아볼 수 없으며 너무도 완악하다. 악한 자의 특징은 자신의 하는 짓이 정당하고 당연한 듯이 말을 한다. 이런 인간들이 악을 행하는 데도 왜 하나님은 가만 두시는가?

허용법칙의 관점

인간은 죄악 가운데 출생하였다. 악은 인간의 마음속에 자리 잡고서 인간으로 하여금 죄를 사랑하도록 만든다.

악은 단순하게 보이지만 헤아릴 수없이 많은 종류가 있다. 악은 단순하게 미움, 복수, 도둑질, 사기, 간음이라고 부르고 별거 아닌 것처럼 보이지만 악의 형체는 보이지 않는 수

많은 세포들이 자리를 잡고 있다.

마치 사람의 몸에 있는 섬유질 조직보다 더욱 세밀하고 정교하다. 악인의 형체는 지극히 작은 악의 세포로 구성되었기 때문이다. 지옥도 수천수만의 인간들로 구성되어 거대한 형체를 구성한다. 지옥의 형체는 거대한 괴물이다. 그리고 그 요소 하나하나는 악령이다.

인간 내면의 악의 요소는 육체가 죽음의 순간에 그 모습을 드러내게 된다. 다시 말해서 인간은 머리끝부터 발끝까지 보이지 않는 악 아니면 선으로 구성되어 있다. 악인의 형체는 정욕으로 이루어졌으며 그 세포의 수는 헤아릴 수 없이 많다. 이 모든 것이 악으로 구성되어 있다.

만일 인간이 마음속에 있는 악을 드러내지 못하고 그대로 마음속에 두게 되면 몸속에 들어있는 암 덩어리, 피속에 들어있는 독으로 인해 죽음을 맞이한다.

인간이 개혁되기 위해서는 반드시 주님에 의해 점진적으로 회복되어야 한다. 주님과 접목되어야 한다(요15:1-7).

두 번째로 악인은 악을 빨아들인다. 마치 호흡하듯이 악을 들이 마신다. 그 이유는 그가 악을 원하기 때문이다. 악의 공기는 그에게 쾌락과 감미로움을 주고 흥미를 준다. 날이 갈수록 그는 악의 쾌락을 더 원하고 이런 쾌락은 그의 생각을 더 어둡게 만든다. 그래서 결국 악인은 욕심이 극대화됨으로 인해 분별력을 잃어버린다.

마치 동아줄로 꽁꽁 묶인 노예처럼 된다. 하지만 그럼에도 불구하고 그는 전혀 구속이나 답답함을 느끼지 못한다. 악이 주는 쾌락의 증대는 계속해서 그가 악을 자행하는 것으로 보아서 더욱 잘 알 수 있다. 악이 인간의 의지를 점유하면서 악을 목적하고 결국 지옥의 나락 속으로 깊이 떨어진다.

셋째, 인간은 선 아니면 악 가운데 존재한다. 양쪽에 동시에 머물 수 없다. 번갈아가면서 있을 수도 없다.

인간은 악의 의지를 가지고 있다. 악인에게 악은 언젠가 그 모습을 드러낼 수 밖에 없다. 주님은 이를 허용하신다.

왜냐하면 이는 목적적 측면에서 악을 제거하기 위함이기 때문이다. 이것이 주님께서 악을 허용하시는 이유이다.

인간들은 악을 제거하기 원하시는 주님의 뜻을 깨닫지 못한다. 왜냐하면 자신안에 있는 쾌락의 즐거움이 크기 때문이다. 주님께서 자신을 향해 오랫동안 참고 계심을 알지 못한다. 주님께서 허용하신다는 사실을 분간하지 못한다.

 인간이 죄악 중에 떠돌아 다니는 것은 작은 돛단배가 파도에 밀려 떠밀려 가는 것과 같다. 남들이 죄를 짓는 모습을 보면서 빈정거리지만 정작 자신의 죄는 그리 대수롭지 않게 여긴다. 자신의 죄는 감추고 타인의 죄를 확대하는 모습이 얼마나 기고만장한 지 모른다.

 주님은 수만 가지 방법을 사용하셔서 인간의 악을 제거하신다. 악은 인간의 생각과 정욕과 뒤섞여서 들어오는데 이를 제거하기 위해서는 사려깊은 생각, 심사숙고, 깊은 성찰이 필요하다.

 넷째, 주님께서는 겉사람의 악을 제거하는 일을 하신다. 인간은 순수하지 않은 의도를 가지고 겉보기에 착한 일을 하면서 자신을 포장한다. 악한 것이 자리 잡고 있음을 느끼지 못한다. 정욕으로 단단하게 뭉쳐져 있음을 인식하지 못한다. 하지만 주님은 개울물이 흐르면서 불순물이 제거되듯이 겉사람의 악을 제거하신다.

운명

예로부터 인간은 자신의 삶이 신(神)에 의해 이미 규정되어 있는 것처럼 여겨왔다. 그래서 운명적으로 주어진 것을 바꿀 수 없다고 여긴다. 인간에게는 운명이라는 것이 있어서 아무리 노력해도 주어진 운명은 바꿀 수 없다는 것이다.

허용 법칙의 관점

운명론자들은 인간들은 운명이 주어져 있기 때문에 아무리 애쓰고 노력해도 운명을 바꿀 수 없다고 말한다. 그래서 자신들은 노력하고자 하지 않으며 신(神)에 의한 어떤 획기적인 기적을 기다린다. 그러나 중요한 사실은 인간에게는 자유가 있다는 것이다. 자유가 있다는 말은 운명은 언제든 변할 수 있다는 사실이다. 고로 운명은 필수 요건이 아니다.

이를 설명하려면 집을 짓는 과정으로 설명할 수 있다. 집을 짓는 데 필요한 자재로는 벽돌과 시멘트, 나무, 모래, 돌 등이다. 이런 자재는 인간이 만들 수 있는 것이 아니고 자연에서 공급받아야만 한다. 그리고 어떤 집을 짓느냐에 자재도 달라진다. 빌딩이나 아파트를 지으려면 그에 따른 철근과 콘크리트와 같은 재료가 필요하고 기와집을 지으려면 나무와 같은 건축 자재를 사용해야만 한다. 이렇게 집의 종류에 따라 자재가 다르게 사용된다.

인간의 삶으로 말하면 집짓는 것과 같다. 주님께서 집을 짓는 데 필요한 모든 자재를 공급하시지만 인간 자신이 어떤 순서에 따라 차곡차곡 건축물을 세워나가느냐에 따라 집모양이 달라진다.

인간 자유 의지에 따라 어느 자재가 많이 필요할 수도 있고 또 어느 자재는 필요하지 않을 수 있다. 자재는 주님께서 공급하신다. 인간의 자유와 선택에 따라 집의 모양은 달라진다.

그렇다면 우리의 운명은 자유 의지에 따라 결정된다고 말하는 편이 더 나을 것이다.

불의의 사고

가족이나 형제가 불의의 사고를 만나서 죽음에 이르거나

고통 중에 있는 경우를 보았는가? 그들의 고통은 말로 표현할 수 없을 정도로 참담하다. 가족중 누군가가 사고를 당하면 그 가족의 일원들은 평생동안 분노와 슬픔 그리고 우울에 시달린다. 인간 세상에는 갑작스런 사고 혹은 지진, 태풍, 해일과 같은 자연 재해, 질병, 일터에서 사고를 당한다. 또한 오늘날 교통 사고로 인해서 얼마나 많은 인명 피해가 있는지 모른다. 왜 하나님은 내게 이런 일이 일어나도록 하시는가?

허용 법칙의 관점

누구든지 불의의 사고를 당하면 그 원인을 과학적이고 물리적인 면에서 원인을 찾는다. 그래서 그때 조금만 조심했더라면 위기를 피할 수 있었을 것이라고 말한다. 혹 어떤 이는 그날 재수가 없었다고 말하기도 하고 그 날의 운이라고 말한다. 이런 우발적인 일을 당하면 매우 불안해 하고 온 몸이 떨려서 어떻게 대처해야할 지 난감해 한다.

우리는 이렇게 좋지 않은 우발적이고 돌발적인 사건속에는 분명 악한 영의 간계와 궤계가 있음을 유의해야 한다. 실제적으로 눈에 보이지 않지만 현실적으로 그런 일들이 일어난다.

주님의 섭리에 반대되는 악의 기운이 만연하여 악의 영에 의해 불행한 여건이 만들어져서 불미스러운 사건이 일어난다. 분명한 것은 불미스러운 일은 주님께서 하신 일이 아니다. 죽이고 멸망시키는 일은 악한 영의 기운에 의해 벌어진다. 이에 대해 바울은 우리의 싸움은 하늘에 있는 악의 영들과 싸움이라고 말했다. 그리고 악한 영들이 우는 사자들처럼 삼킬 자를 찾고 있다고 말하였다.

그러나 우리가 두려워하지 말아야 이유는 주님의 섭리에 의해 지극히 작은 일 하나도 통제되기 때문이다. 고로 한 발자국도 주님의 섭리와 허용없이는 절대로 행복한 일과 불행한 일이 일어날 수 없다. 더구나 인간에게 닥치는 온갖 불행한 일은 주님의 허용없이는 절대로 일어날 수 없다.

주님의 섭리를 우리가 알 수는 없지만 다만 이 사실을 받아들이라. 이는 우리에게 큰 위로이다. 하나님을 사랑하는 자에게는 모든 것이 합력하여 선을 이룬다(롬8:28).

천사와 악령

 인간은 홀로 살아가는 존재가 아니다. 눈에 보이지 않는 영이 함께 한다. 고로 인간 스스로 악을 행하는 것 같지만 홀로 행하는 것이 아니다. 함께하는 악령들과 연합하여 그런 짓을 행한다. 인간이 주님으로부터 멀리 떠나는 것도 인간 홀로 하는 것이 아니다. 깊게 말하면 악령들이 그 짓을 하는 것이 아니라 악 자체가 하는 것이다. 인간은 어리석게 악령의 꾀임과 유혹에 넘어간 것이다. 악령에게 아무 대책없이 당한 것이다. 그 이유는 마음속에 있는 쾌락에 대한 욕망 때문이다. 자신을 즐겁게 하고 만족하게 할 것같은 환상이 그를 사로잡은 것이다. 그런 속임수에 넘어간 것이다.

 그러므로 인간이 욕심을 버리지 않으면 결코 그는 거듭나기 어렵고 오히려 악령의 먹이감이 될 수밖에 없다.

악령은 불순한 애정 속에 자리를 잡고 인간 육체와 영혼을 소유하고 마음속에 있는 선과 진리를 파괴하고자 온갖 수단과 방법을 동원하고 있다. 그 이유가 주님께서는 선과 진리를 수단으로 우리 안에 거하시고 그 기운으로 악을 지독하게 미워하도록 만들기 때문이다. 인간은 아무리 죄를 짓고 주님에게서 등을 돌리더라도 결국 주님께서 생명을 주시기 때문에 살기 때문이다.

마치 어느 행실이 나쁜 여인이 남편의 돈으로 치장을 하고 사치를 하며 자가용을 타고 다니고 고급 음식점을 드나들면서 정욕을 채우고자 다른 남자를 찾아가는 것과 같다. 남편은 그 사실을 알고 여러 차례 지적하지만 남편의 말을 무시하고 오히려 허물을 트집잡아 남편이 평생모은 재산을 욕심내어 모두 쓸어가지고 집을 나가는 죄악을 저지른다.

그러므로 인간은 스스로는 선을 행하고 주님께 돌아서는 것이 불가능하다. 그를 도와주는 매체가 필요하다. 즉, 그와 함께 하는 천사들을 통해서만 가능하다. 엄밀하게 말하면 천사들이 하는 것이 아니라 주님께서 하신다. 하나님은 인간을 도와주시지만 인간 스스로 선을 행하고 주님께 돌아선 것처럼 여기도록 하신다. 오늘날 교인들은 자신이 생각하는 진리, 뜻하고 행하는 선이 자신으로부터 나온다고 믿는다. 그렇게 믿는 교인들 중에는 악령이 지옥으로부터 흘러들어와서 악을 생각하고 뜻한다는 것과 천사들이 천국으로부터 흘러들어와서 선을 생각하고 뜻한다는 명백한 사실을 잘 이해하지 못한다. 본인이 느끼지 못하기 때문에 그런 사실을 믿지 못하는 것이다. 느낌은 그만큼 오류가 발생한다.

어쨌든 인간에게는 악령과 천사가 끊임없이 다가온다. 악령은 악을 선동하고 천사는 선하고 참된 마음을 올라오도록 이끈다. 천사에 의해 주어지는 선하고 참된 것은 주님의 신성한 것이다. 고로 주님은 인간과 함께 계신다.

그러나 주님께서 모든 사람에게 일률적으로 계신 것이 아니고 각 사람에 따라 다르다. 중요한 사실은 주님의 인도를 받는 자는 주님께서 마음속에 현존하셔서 말씀하신다. 주님으로부터 주어지지 않으면 선하고 참된 것을 절대로 생각하지 못한다는 사실을 알아야 한다. 주님의 현존은 신앙의 상태와 주님과 이웃 사랑의 상태에 따라 가깝든지 멀든지 결정된다.

다시 말해서 주님의 현존은 주님과 이웃 사랑 안에 계시므로 사랑없는 믿음, 행함없는 믿음은 주님과는 거리가 있다. 이 속에는 주님의 현존을 말할 수 없다.

그러므로 이웃 사랑 안에 있지 않으면 주님과 결합될 수 없음을 이해해야 한다. 우리의 잣대를 가지고 이웃을 미워하고 판단하는 것은 주님으로부터 멀리 떨어지게 할 뿐 아니라 주님과 우리 사이에 깊은 계곡이 놓여지게 만든다.

이런 자가 주님께 가까이 접근하면 그는 깊은 계곡에 빠지고야 말 것이다. 절대로 그곳으로 넘어갈 수 없다. 마치 천국와 지옥 사이에 깊은 계곡이 있는 것처럼 말이다.

그러므로 천사의 소리에 귀를 기울이고 응답하는 자세를 가져야 한다. 또한 이웃을 사랑하고 대접하기를 즐겨하자. 아브라함이 부지중에 천사를 영접하는 것처럼 말이다.

우리는 이런 진리를 깨달을 수 있다. 겸손한 자들은 주님으로부터 대접을 받고 반면에 거만한 자는 악령의 조종을 받는다. 다른 사람보다 자신이 우월하다는 자만심이 클수록 그에 비례하여 지옥의 불꽃만 있을 뿐이다.

또한 참된 지혜는 주님으로부터 나오며 그것을 믿을수록 그는 더 지혜로워진다. 반면에 지혜가 자신의 잘난 본성 때문이라고 믿는 자는 이미 어리석은 자가 된 상태이다.

주님께서는 누구든지 그분이 계신 나라에 들어오기를 원하시며 각 사람들에게 천사를 파송하시어 기회를 제공하신다. 아무도 지옥으로 내치지 않으신다. 그러나 거만한 자들은 악령의 유혹을 받아 자기 발로 지옥을 향해 끝까지 길을 간다. 악령들은 인간에게 사악한 영향력으로 거짓을 좋아하는 자들을 미혹한다. 미혹을 하는 당시에는 그 말이 진실인 듯이 보이지만 거짓예언자는 그 열매를 보아 안다고 하였다. 거짓으로 인하여 악의 열매를 거둔다. 이런 말에 속아 넘어가는 자 그 얼마나 되는지..이 모든 짓거리는 불못에서 올라오는 악령의 짓거리이다. 과연 주님께서 인간을 보호해 주지 않으시면 순간 순간 넘어질 수밖에 없다. 그러므로 어리석은 자들은 제 정신을 차리고 진리앞에 자신의 의도를 비춰보라. 회개하라! 진실되고 순수한 의도로 진리를 사모하는 자들은 담대하라! 힘을 내라!

서로 나누기

☞ 배운 것을 삶에 적용할 수 있도록 서로 나눠봅시다.

● 섭리에는 선행의 중요성이 함께 한다

예수께서는 율법을 폐지하러 오신 게 아니라 율법을 완성하시려 오셨다. 그분 혼자서 완성시키려는 게 아니라 우리 인간들도 그 법을 완성해야 한다. 율법의 대 강령은 하나님 사랑과 이웃 사랑이다. "그러므로 가장 작은 계명 중에 하나라도 스스로 어기거나, 어기도록 남을 가르치는 사람은 누구나 하늘 나라에서 가작 작은 사람의 대접을 받을 것이다. 그러나 스스로 계명을 지키고 남에게도 지키도록 가르치는 사람은 누구나 하늘나라에서 큰 사람 대접을 받을 것이다. 너희가 율법학자들이나 바리사이파 사람들 보다 더 옳게 살지 못한다면 결코 하늘 나라에 들어가지 못할 것이다." (마19:20). 그러므로 주님 사랑과 이웃 사랑을 이루는 것이 인간의 영원한 의무이다.

●생각해 보기●

– 악한 자가 잘됨은 무슨 이유인가?
– 전쟁을 허용하시는 이유는 무엇인가?
– 운명에 대해 어떻게 생각하는가?
– 악의 허용은 무슨 이유인가?
– 불의의 사고는 무슨 이유인가?

Part06

—

불허용

God's Permission

인간성을 죽이지는 말라

요한 계시록에 이런 내용이 있다. "그것들은 땅에 있는 풀이나 푸성귀나 나무는 하나도 해쳐서는 안 되고 다만 하나님의 도장이 이마에 찍히지 않은 사람들만 해치라는 명령을 받았습니다. 그러나 그 사람들을 죽이지는 말고 다섯 달 동안 괴롭히기만 하라는 명령이었습니다. 그 메뚜기들이 주는 고통은 마치 전갈이 사람을 쏠 때에 주는 고통과 같은 것이었습니다. 그 다섯 달 동안에는 그 사람들이 아무리 죽으려고 애써도 죽을 수 없고 죽기를 바라더라도 죽음이 그들을 피해 달아 날 것입니다(계9:4-6)."

메뚜기들은 이마에 하나님의 도장을 받지 않은 사람들만 해치도록 허락되었다. 이마에 도장받은 사람들은 사랑있는 믿음을 가진 자를 의미한다. 도장받지 않은 자는 사랑없는 믿음을 가진 자들이다. 사랑없는 믿음을 가진 자는 메뚜기의 힘에 복종하는 자들이다. 메뚜기는 무엇을 상징하는가? 메뚜기는 거짓된 이론을 가지고 타인을 넘어뜨리는 세력을 의미한다. 즉, 추론을 의미한다. 다시 말해서 거짓된 추론의 설득력에 넘어간 자들이다. 주님은 메뚜기에게 이런 사람을 해치는 것을 허용하셨다. 여기서의 사람이라는 말의 의미는 사람됨의 특질을 의미한다. 사람이란 동물과 구별되는 생각하고 뜻하는 성품, 진리를 이해하고 선함을 사랑하는 자질로 이해해야 한다. 그러나 죽이지 말라고 했다.

즉, 인간에게 메뚜기가 상징하는 진리가 아닌 억지 추론으로 피해를 줄 수 있지만 완전 죽이는 것까지는 허용되지 않았다. 죽이지 말고 단지 괴롭히기만 하라고 허락되었다. 이들의 고통은 전갈이 사람을 쏠 때와 같은 고통이라고 말했다. 전갈에 쏘이게 되면 국부적으로 무감각하게 되고 결국 죽음에 이른다.

전갈이 쏨으로 야기되는 정신적 고통은 무엇인가? 그것은 심각한 중독 위기에 있는 것처럼 꼼짝달싹 못하는 상태이다. 즉, 의지가 무기력하게 되어 사람 구실을 못하는 고통이다. 거짓된 자들의 전갈 침에 중독된 이들을 보았는가? 눈에 시퍼런 불꽃을 튀기면서 가까운 이들을 헤집어놓는다. 실로 무서운 일이다. 하지만 메뚜기의 이런 권능은 그 범위가 제한되었다. 다섯 달 동안만 괴롭히라는 것이다. 이는 물리적 시간이 아니라 상태의 분량이다. 이는 실제 삶에서 자유 의지를 가지고 생각하고 의지를 갖는 능력이 감소된 상태이다. 인간에게 있어서 이런 능력의 저하와 중지는 곧 죽음을 의미한다.

어떤 이들은 차라리 아무 생각없이 사는 편이 낫다고 여기는 자들도 있다. 정신적 활동이 멈추어지는 편이 차라리 낫다고 여기기도 한다. 그것은 이미 자유를 상실한 자의 처절한 소리이다. 다시 말해서, 가련한 정신병자가 죽기를 바라는 것같은 상태이다. 이는 마음이 불건전해진 징조이다. 이러한 죽음을 원하는 인간의 행동은 곧 영적 죽음의 상태이다. 그래서 마약을 먹거나 자살을 시도하기도 한다. 그러나 자살의 행위도 생명을 끊을 수 없음을 알게 되는 때가 온다.

정신적으로 병듦으로 인해서 정신이 흐트러지고 모든 희

망이 사라진다고 여길 때 차라리 모든 전체를 없애버림으로 모든 고통이 사라지기를 원한다. 하지만 자살 이후에 자신이 살아있음을 발견할 때는 소스라치게 놀라게 된다. 그리고 수많은 악령이 달겨드는 것을 볼 때가 올 것이다.

그럼에도 불구하고 그들은 완전하게 죽을 수도 없고 죽음을 명령할 수도 없다. 오히려 그 후에 심판이 기다리고 있을 뿐이다. 그 이유는 그가 사람이기 때문이다. 사람이라는 자질은 하나님의 창조물이다.

사람에게 주어지는 뜻하고 생각하는 능력은 추론에서 나오는 악독한 독기운에 서서히 죽음의 기운을 맛보지만 결코 완전 파괴될 수는 없다. 죽음의 기운을 맛보는 것은 거짓에 파묻히는 것을 의미한다. 결코 사람이라는 인간성은 절대로 완전 폐기할 수 없도록 창조되었기 때문이다. 그는 저세상에 가서도 사람이라는 본래의 원본을 유지하면서 진리와 관계없는 거짓속에서 악과 더불어 여전히 살게 된다.

이것이 하나님의 불허용이다.

자아 사랑의 교리

주님은 자아 사랑의 교리를 불허용하신다. 천국의 대강령은 하나님 사랑과 이웃 사랑이기 때문이다.

고대 바벨탑 사건을 살펴보면 자아 사랑의 증거를 알 수 있다. 당시의 인간들은 하늘에 창을 내려고 탑을 쌓았다고 했다. 그들이 탑을 쌓았다는 말은 자아 숭배를 의미한다. 그것은 허락되지 않았다. 그러므로 성경에는 "여호와께서 거기서 그들을 온 지면에 흩으셨으므로 그들이 그 도시를 건설하기를 그쳤더라."(창11:8).

여호와께서 그들을 온 지면에 흩으셨다는 말은 하나님께 인정되지 않았음을 의미하고 그래서 그들이 도시 건설을 그만두었다는 말은 그들의 교리가 하나님께 받아들여지지 않음을 의미한다. 도시는 교리, 규칙, 문화를 상징한다.

고대 시대 당시 인간들은 바벨탑을 건축하고 도시를 만들었다. 그들이 도시 건설을 그만두었다는 의미는 인간의 사상에서 나온 교리가 무너졌다는 말이다. 왜 당시에 바벨탑 건축과 도시 건설이 허용되지 않은 것일까?

바벨은 자아 사랑을 의미하는 교리이기 때문이다. 자아 사랑의 교리는 내적으로 불결한 상태를 조장한다. 바벨은 순수함이 없는 예배이다. 이는 고대 교회의 상태를 말한다.

땅은 교회를 의미하는데, 여호와께서 그들을 온 지면에 흩으셨다는 말은 겉으로는 화려하지만 내적인 면이 파괴되었음을 의미한다.

자아 사랑은 자아 중심적이며 모든 악이 여기서 나온다. 증오, 복수, 잔인함, 간음, 사기, 위선 등은 자아 사랑에서 비롯된다. 그러므로 자아 사랑이 예배 가운데 자리 잡는다는 것은 악이 도사린다는 말이다. 이는 한마디로 신성모독이다.

좀 더 자세하게 말하면, 자아 사랑이 들어있는 만큼 그에 비례하여 내적 예배는 없다는 말이다. 그러므로 진정한 예배를 드리고자 하는 자는 자아 사랑에서 벗어나 주님과 이웃 사랑의 예배를 드려야 한다. 자아 사랑에 비례하여 선에 대한 애착과 진리의 믿음이 소멸되기 때문이다. 이것이 바로 바벨이라 불리는 고대 예배가 죽은 예배가 된 이유이다.

하나님의 신성에는 인간의 자아 숭배 교리와는 공존할 수 없다. 이는 천국과 지옥이 뒤섞여 있을 수 없는 이치와 같다. 하나가 들어오면 다른 하나는 떠나야만 한다.

오늘날 심리학 이론중에는 자아 사랑이 심리적 갈등과 장애를 해결하는 방안이라고 말한다. 자아 사랑으로 자존감을 높이는 기법을 사용한다. 자아 사랑으로 자기 만족을 가져올 수는 있으나 이웃을 위한 헌신적 삶은 더욱 파괴된다.

설교자 중에 자기를 사랑하라고 설교하는 이들이 있다. 하나님이 인간을 얼마나 사랑하셨는가 라고 말하면서 그러므로 자기를 사랑해야 한다고 말하는 자들이 있다. 그러면 자기를 사랑해서 천국에 이를 수 있는가? 주님 사랑과 이웃 사랑으로 구성된 하늘나라에서 살아갈 수 있는가? 이런 교리로는 그나라에 들어감이 불허용되었음을 깨달아야 한다.

신성 모독

주님은 신성 모독을 절대 허용하지 않았다. 고대인들은 제사드림과 율법이 주님을 모시는 것으로 이해하였다. 하지만 그들은 이미 탐욕에 깊이 물들었다. 하나님의 신성을 알았지만 자신들의 욕심에 사로잡혔다. 그들은 세상적이고 육신적인 일에 집착해서 종교적 지배욕과 세속적 욕심으로 하나님을 섬기고자 하였다. 다시 말해서 의도가 순수하지 못했다. 그들은 결국 생명나무 과실을 먹으려다가 빙빙 도는 화염검에 의해 쫓겨나게 되었다. 죄있는 인간이 생명나무 과실을 먹음은 곧 신성 모독 죄를 범하는 것이다. 주님께서는 그들이 더이상 신성을 모독하지 못하도록 방지하셨다.

십계명에는 이렇게 기록되었다. "너는 네 하나님의 이름을 망령되게 하지 말라. 그 이유는 여호와는 그분의 이름을 망령되게 하는 그를 죄 없음으로 간주하지 않을 것이라"(출20:7, 신5:11). 하나님의 이름을 망령되게 함은 단지 이름만을 의미하지 않는다. 그분으로부터 있는 일반적, 특수적 측면의 모든 신성을 의미한다. 신성이 더러운 것으로 오염되서는 안되기 때문에 모독하지 말라는 것이다.

주님께서 가르치신 주기도문에서도 "당신의 이름이 거룩하게 하소서. 당신의 왕국이 오게 하소서. 당신께서는 천국에서와 같이 땅에서도 행하실 것입니다(눅11:2).

여기서도 이름은 선과 진리의 모든 것을 의미한다. 신성은 모두 주님의 것이고 그분으로부터 있기 때문이다. 인간들이 주님의 신성을 거룩하게 모실 때 주님의 왕국이 오고 그분의 뜻이 천국 안에서 같이 지상에서도 행하여 진다.

오늘날 교회에서 자신의 생각을 말하면서 주님의 이름을 빙자하여 예언을 한다든지 헌금을 강조하든지 복종을 말한다면 이는 신성모독이라고 말할 수 있다. 법궤를 건드려 신성모독에 내침을 받은 웃사처럼 되지 않기를 바란다.

행함없는 믿음

　믿음과 삶을 분리시키는 이들이 있다. 이들은 자신을 무슨 짓을 하던 관계없이 구원을 받았다고 주장을 한다. 그들은 말하기를 자신은 살인을 하던 간음을 행하든 도둑질을 하든 관계없이 이미 죄가 해결되었기 때문에 아무 문제가 없다고 강조한다.

　이들의 신앙은 단지 머리속에 박혀있는 신념에 불과하다. 삶이 없기 때문에 신앙이라고 말할 가치조차 없다. 믿음은 행위를 포함하며 행위에서 마무리된다. 행함없는 믿음은 죽은 믿음일 뿐이다.

　이들이 말하는 논리는 자신이 돼지와 소만 못한 수준에서 살고 있다고 해도 구원된다는 논리이다. 죄인에게 이보다 더 달콤한 유혹이 있을까? 아마도 교회 밖에서 이런 말을 들으면 이것이 가짜라는 사실을 금방 이해할 것이다.

그래서 많은 지성인들 중에는 기독교 내의 이런 교리를 말하는 이들을 보고 몹시 싫어한다. 신앙의 이런 품질은 기독교에서만 발견되는 특이 사항이다.

이렇게 말하는 이들도 있다. 세상에서 온갖 죄를 범하면서 살다가 그가 죽는 마지막 순간에 믿음을 고백하면 구원얻을 수 있다는 것이다. 오늘날 지적으로 깨어있는 지성인들 중에는 이런 논조에 대해 반대하는 이들도 많다.

중요한 사실은 인간이 세상에서 육체를 가지고 있는 동안 생각하면서 행동으로 드러낸 악은 제 아무리 작아도 완전히 없어지지 않는다. 또한 세상에서 증오, 복수, 잔인, 간음과 같은 악을 행함은 곧 지옥과 계약을 맺는 것과 같다.

악인은 죽음 이후 곧바로 그 나라가 전개되고 영원한 고통 가운데 처한다. 반면에 주님을 사랑하고 이웃에게 선을 베푼 자들도 삶에서 묻은 악이 남아 있다. 그 악은 세상에서 사는 동안 주님으로부터 받은 선에 의해 떨어져 나간다. 고로 행함없는 믿음은 불허용이다.

자비없는 판단

자비없는 판단은 불허용이다. "남을 판단하는 대로 너희도 판단 받을 것이고 남을 저울질하는 대로 너희도 저울질을 당할 것이다."라는 구절은 "자비를 베푼 자가 자비를 얻게 된다"는 말씀에서 결정된다. 이 말은 자비없이 판단하는 자는 결국 자비 없는 판단을 당할 것이라는 말이다.

이것이 창조의 법칙이고 하나님의 질서이다. 주님은 결코 자비 없이는 판단하지 않는 분이시다. 자비없이 판단을 잘하는 인간과는 전혀 다르다. 자비없는 판단은 마귀적이고 너무나 잔인하다. 자비없는 판단을 겪어보았는가? 어쨌든 누군가를 자비없이 판단하는 이들은 자비없이 판단된다.

고로 자신의 악독한 기운으로 이웃을 섣불리 판단하여 신성의 영역을 침범하지 않는 것이 현명하다. 자신이 보기에 마음에 들지 않는 자가 있더라도 주님께 판단을 맡기라.

아무도 판단하지 말라. 그저 불쌍히 여겨라. 자칫 판단의 도를 넘어설 위험이 있다.

사실 판단하는 것은 이해의 본래 기능이고 판단이 진행되어야 할 근거는 진리이다. 그러나 판단은 의지의 영향을 받는다. 의지가 어떤 상태이냐에 따라 이해가 결정된다. 만일 이웃사랑의 의지가 있다면 그의 이해는 정의롭게 판단되지만 미움의 의지라면 이해는 악마적 판단을 하게된다. 고로 주님께서 금하시는 판단은 자비없는 판단이다.

사회나 교회는 시민 법과 교회 법을 어겼을 때는 어떤 처벌 혹은 불이익을 줄 수 있다. 그러나 이런 기준은 그 사람의 내적인 상태를 판단하는 기준이 아니다. 마음을 살펴보시는 주님이 아니고서는 내면의 상태를 제대로 볼 수 없다.

이 세상의 어떤 재판관도 영혼의 영원한 상태를 판결할 자는 아무도 없다. 이것이 하나님의 불허용이다.

겉으로 보아서 언행을 판단하는 것은 어느 정도 추측에 의해서만 가능한 일이다. 대충 미루어 의도와 동기를 판단할 수는 있으나 그것을 제어할 수는 없다.

 만일 동기마저 제어한다면 인간이 하나님의 권위를 빼앗는 것과 같기 때문이다. 타인의 상태를 절대적 기준으로 판단하는 것은 허용되지는 않지만 진리로써 영적 상태를 가늠해 볼 수는 있다. 그러나 이런 식의 판단은 금해야 한다.

 "네가 만일 그런 식으로 살아간다면 너는 구원을 잃고 말거야!..." 이는 타인을 정죄하는 판단이다.

 결론적으로 주님께서 금하시는 판단은 선이 없는 진리의 판단이다. 선이 없는 진리는 마귀적 신앙이다. 이는 진리를 가장한 악에 불과하다. 선이 없이 진리가 존재할 수 없기 때문이다.

 인간은 남을 비판하는 데에는 준비가 너무 잘 되어 있어서 자신의 잣대가 정의라고 여기고 섣부른 판단을 내린다. 인류의 역사에 정의의 이름으로 억울하게 죽은 자가 그 얼마인지 모른다. 선없는 진리의 판단은 너무 쉽게 나쁜 결과들이 발생된다. 자비없는 판단은 불허용이다.

서로 나누기

☞ 배운 것을 삶에 적용할 수 있도록 서로 나눠봅시다.

● 누룩 없는 빵

이스라엘의 종교 행사에서, 모든 누룩은 엄격하게 금지되었다. 누룩은 거짓을 의미한다. 우리는 자신의 생각과 애정의 질을 잘 모른다. 따라서 생각과 애정 속에 섞인 누룩이 추방되지 않으면 순수한 생명의 빵을 생산할 수 없다. 우리는 시험을 추구할 필요는 없다. 그것들은 충분하게 올 것이다. 그러나 그것들이 내게 다가올 때 버티어 극복할 수 있다는 것도 잊어서는 안된다. 우리가 기도해야 할 것은 "우리로 시험에 들지 마옵시고..."라고 기도하면서 "다만 악에서 구하여 주옵소서..."라고 주님께 도움을 요청해야 한다.

●생각해 보기●

– 인간성을 죽이지 말라는 의미는 무엇인가?
– 메뚜기가 이마에 인맞지 않은 자들에게 주는 고통은?
– 자아 사랑의 교리는 무엇을 말하는가?
– 신성 모독이 벌어지는 일에 대해 구체적으로 말해보라.
– 행함없는 믿음에 대해 말해보라.
– 자비없는 판단을 내려본 적이 있는가?

Part06

–

하나님의 처방전

God's Permission

그룹

이번 장에는 하나님께서 허용과 불허용에 대해 섭리적 차원에서 말하고자 한다.

"하나님이 그 사람을 쫓아내시고 에덴동산 동쪽에 그룹들과 두루 도는 불 칼을 두어 생명나무의 길을 지키게 하시니라(창3:24)."

인류의 범죄 이후, 인간에게 모든 희망이 사라졌을 때 하나님의 처방전이 있다. 하나님의 처방을 두고 "섭리"라고 부른다. 이는 죄악된 인간을 향한 하나님의 대책이다.

하나님은 죄를 범한 사람을 쫓아내셨다. 그리고 그분은 에덴동산 동쪽에 그룹을 두었다. 그리고 또한 회전하는 불 칼로 생명나무의 길을 지키게 하셨다. 사람을 쫓아낸다는 말의 의미는 무엇인가?

사실 이런 말들은 문자적으로만 보면 물리적으로 몰아내서 어느 지역에서 다른 지역으로 멀리 내모는 것을 말한다.

그러면 하나님께서 물리적인 방법을 사용해서 사람을 쫓아내시었다고 생각하는가? 아마 그렇다고 한다면 완악한 인간은 언제고 하나님께 대들고 반란을 시도했을 것이다.

여기서 사람이라는 말은 아담 즉, 인류 전체를 의미한다. 사람이라는 의미는 하나님의 형상과 모양을 따라 지음을 받은 거룩한 존재를 의미한다.

이를 영적인 의미를 말해서 쫓아내었다는 말은 마음속에 사람의 요소가 사라진 것이다. 하나님의 형상과 모양이 사라진 것이다. 즉, 선에 의지와 진리의 이해가 사라지고 모두 박탈당한 것이다. 이제 인간은 선의 의지가 사라지고 진리의 이해가 무너져 내린 타락한 상태가 되었다. 죄를 지은 인간은 더 이상 과거의 사람이 아니다.

그런데 하나님은 그것만으로 마침표를 찍지는 않으셨다. 그룹을 배치하신 것이다. 그리고는 에덴 동쪽 즉 거룩하고 신비스러운 세계에 들어가지 못하도록 장치를 하셨다.

그러므로 여기서 그룹은 인간이 하나님의 세계에 들어가는 것을 방지하려는 주님의 섭리이다. 그 이유는 분명하다. "생명나무의 길을 지키려는 목적" 때문이다. 즉, 죄인들의 신성 모독을 예방하시고자 하시는 그분의 목적 때문이다. 인간이 신성모독하여 그로인해 더이상 침해를 받지 않게 하시고자 하시는 하나님의 배려이다.

그룹(Cherubim)이란

그룹은 인간의 힘으로 하나님의 신비에 들어가서 파멸당하지 않도록 사전에 예방하시는 하나님의 섭리를 말한다.

그룹은 화염검과 더불어 있으며 생명나무에 이르는 길을 지키고 있다. 이는 신성모독을 예방하시고자 하시는 하나님의 처방전이다. 거듭나지 않은 인간이 하나님의 거룩을 모독하지 않도록 예비된 하나님의 장치이다.

진정 사람됨을 상실한 인간이 욕심과 제 멋대로의 추론으로 신앙의 신비속으로 미친 듯이 파고 들어간다. 주님은 섭리로써 이를 방지하신다.

미친듯이 파고 든다는 말이 오늘날의 종교적 현실을 두고 하는 말이다. 종교적 자만이 하늘 끝까지 도달했다.

마치 성전 꼭대기에서 뛰어내려서 날아가고자 한다. 이는 하늘에 창을 내고자 했던 고대 바벨탑 근처의 무리들과 다르지 않다. 하나님의 뜻과 다른 진리를 가지고 설파하면서 마치 자신이 천국을 보내줄 수 있는 것같은 환상을 지닌 기묘한 교리를 갖고 있다.

성경속의 그룹

성경에는 금으로 만든 그룹 둘을 속죄소 두 끝에 두었다(출 25:18-21). 또 가늘게 꼰 베 실과 청색 자색 홍색 실로 그룹을 정교하게 수놓은 열 폭의 휘장을 두었다(출26:1). 그 이유는 속죄소는 거룩하신 하나님의 생명 나무를 상징하기 때문이다. 주님은 "그룹에 앉아 계신 이스라엘의 하나님"이라고도 불리우셨으며 그룹 사이에서 모세와 아론에게 말씀하셨다(출 25:22; 민7:89).

그리고 시편에는 여호와께서는 그룹을 타고 다니셨다고 하였으며(시18:10), 그룹들에 거주한다고 하였다(시80:1).

이는 인간이 악을 가지고 하나님의 거룩 안에 들어가려는 것을 방지하시고자 하시는 주님의 섭리를 의미한다.

거룩을 준비하지 않은 인간이 신성 가운데 들어감을 예방하시는 주님의 계획을 말한다.

그룹을 금으로 만들라고 한 이유는 금이 선을 상징하기 때문이다. 그러므로 선이 없이는 주님께 접근할 수 없음을 의미한다. 즉, 악에 대한 경계이다. 그리고 그룹들의 날개는 위쪽을 향하여 뻗쳐있다고 하였다(출25:20). 이는 진리가 선의 방향으로 상승함을 의미한다. 하늘을 바라보고 나아감이다. 그야말로 천로여정인 것이다.

요한이 본 그룹

요한계시록에는 "보좌 앞에 수정과 같은 유리 바다가 있고 보좌 가운데와 보좌 주위에 네 생물이 있는데 앞뒤에 눈들이 가득하더라. 그 첫째 생물은 사자 같고 그 둘째 생물은 송아지 같고 그 셋째 생물은 얼굴이 사람 같고 그 넷째 생물은 날아가는 독수리 같은데 네 생물은 각각 여섯 날개를 가졌고 그 안과 주위에는 눈들이 가득하더라. 그들이 밤낮 쉬지 않고 이르기를 거룩하다. 거룩하다. 거룩하다. 주 하나님

곧 전능하신 이여 전에도 계셨고 이제도 계시고 장차 오실 이시라(계4:6-8)."

네 생물은 구약성서에서 언급되는 그룹이다. 이 생물은 존재의 범위를 넘어서 있다. 이 경이로운 생물은 천사를 의미하지 않는다. 여기에 등장하는 생물은 신성에 더 가깝다.

네 생물들은 보좌 둘레에 있으며 보좌 한가운데 있다. 이 생물들이 보좌 한가운데 있다는 것은 무엇을 의미하는가? 이는 하나님의 말씀이다. 말씀은 그분으로부터 나온다.

그리하여 살아있는 모든 만물의 생명이 된다. 그룹은 히브리어로 생물(Living Creature)이라 불리는데 이는 살아있는 모든 생명의 어머니라는 뜻이다.

둘째, 그룹의 눈이 앞뒤에 가득하다는 의미는 주님께서 보시는 영역을 말한다. 그러니까 알파와 오메가가 되시는 그분은 시작부터 끝, 영원부터 영원까지 모든 것을 관찰하신다는 의미이다.

형체

네 생물의 모습을 보면, 첫째 생물은 사자와 같고 둘째 생물은 송아지와 같으며 셋째 생물은 사람의 얼굴과 같고 넷째 생물은 날아다니는 독수리와 같다고 하였다.

이 구절은 에스겔서에 있는 그룹의 묘사와 거의 같다. 다만 에스겔서와 차이는 소 대신에 송아지가 언급된다는 점이다.

그룹이 하나님의 말씀을 상징한다고 말했는데, 이는 말씀이 인간의 상태와 능력, 기질에 따라 여러 면모로 표현되었음을 의미한다. 말씀은 단순한 어린아이로부터 성인에 이르기까지 적절하게 적용된다. 말씀은 물과 같아서 정해진 모양이 없지만 흘러 들어가 정화시키고 깨끗하게 만든다. 그래서 말씀을 받는 이들 속에 거듭남을 이룬다. 말씀은 시간과 관계없이 어느 상황에서든 마음속에 변화를 이룬다.

네 생물은 무엇을 의미하는가? 성경에서 사자는 권능, 송아지는 애정, 사람은 지혜, 독수리는 총명을 상징한다.

짐승은 곧 마음속 애정과 생각을 의미하기 때문이다. 그룹이 주님의 섭리를 뜻하는바 여러 동물의 모습으로 그려진 이유는 신성이 우리의 애정과 생각 안에서 드러난 형체를 상징하기 때문이다. 말씀의 본질적 형체이다.

날개

"네 생물은 각각 날개를 여섯 개씩 가졌고, 그 몸에는 앞뒤에 눈이 가득 박혀 있었다."

날개가 의미하는 바는 무엇인가? 날개는 공중을 향해 힘차게 오르게 하며 이 장소에서 저 장소로 이동하도록 해준다.

또한 날개는 새끼를 품거나 보호하는데 사용된다. 날개는 하나님의 역사하심을 상징한다.

시편에는 "그룹을 타고 날으시고 바람 날개를 타고 내리덮치셨다(시18:10)."고 하였다.

날개의 의미는 주님의 무소부재를 의미한다. 바람 날개를 타셨다고 했는데 이는 주님의 섭리는 바람을 수단으로 사람과 함께 하신다는 것을 표현한 것이다. 바람은 성령을 의미한다. 주님의 돌보시고 보호하시는 섭리를 시편에는 자세히 표현하고 있다.

"당신의 인자하심 얼마나 높은지요. 오 하나님. 그러므로 사람의 자녀들은 당신 날개의 그늘만을 신뢰합니다(시36:7)."

주님은 불순종하는 당신의 백성들을 향해 이렇게 말씀하신다. "예루살렘아! 예루살렘아!...암탉이 병아리를 날개 아래 모으듯이 내가 몇 번이나 네 자녀를 모으려 했던가? 그러나 너는 응하지 않았다(마23:37)."

시편에는 주님의 날개를 진리로 말하면서 신성의 보호하심으로 표현했다.

"당신의 날개로 덮어주시고 그 깃 아래 숨겨 주시리라. 그의 진리가 너의 갑옷이 되고 방패가 되신다(시91:4)."

그러므로 주님의 날개는 주님의 진리이다. 이 진리는 신실한 사람들이 신뢰하는 덮개이고(시61:4) 그들은 날개 아래에서 기뻐한다(시63:7). 주님은 그룹의 날개로 그분의 교회를 보호하고 위로하고 안내하신다. 우리의 피난처는 진리이다.

여섯 날개

각 생물의 날개는 여섯 개이다. 이사야가 본 스랍도 여섯 날개를 가졌는데 날개 둘로는 얼굴을 가리우고 둘로는 발을 가리우고 나머지 둘로 날아 다녔다(시6:1-2).

스랍의 날개는 쌍으로 되어있다. 세 개가 한 쌍이 되어있는 모습은 무슨 의미인가?

날개는 진리를 상징하는데, 진리의 짝은 무엇인가? 당연히 진리의 짝은 선이다. 진리는 언제나 선과 함께 짝을 이룬다. 선을 이루기 위해서는 진리가 반드시 필요하며 진리가 온전해지려면 선이 있어야 한다.

짝을 이루는 것은 성경과 자연만물 속에 깊이 스며들어 있는 사상이다. 자연만물은 암컷과 수컷의 질서에 따라 운행한다. 수컷은 진리의 세계이며 암컷은 선의 세계이다. 암컷과 수컷의 짝을 통해 자연만물은 유지, 보존된다.

선과 진리는 한 쌍이기 때문에 어느 하나가 없으면 어떤 결과도 없다. 그러므로 누군가 진리를 가지고 있다고 말하면서 선한 삶이 없다면 그것은 가짜임에 틀림없다. 선이 없는 진리는 존재할 수 없으며 사랑 없는 지혜도 존재 불가능하다. 이는 마치 스랍이 한 쪽 날개를 가지고 날려고 시도하는 것과 같다.

눈

그룹의 날개 안에는 눈이 가득 박혀 있다. 눈은 지혜를 상징한다. 이는 주님의 말씀에는 신성한 지혜가 가득함을 의미한다. 주님은 지혜를 가지고 섭리하심과 구원하심의 역사를 이루신다.

주님의 섭리는 깊은 곳에 감추어진 지혜이다. 인간의 지혜로는 하나님의 지혜를 알 수가 없다. 보통 인간들이 섭리라고 말하는데 그것은 우연의 일치이거나 뜻밖의 결과를 두고 말하는 경우가 많다.

하지만 인간의 머리로는 하나님의 신비와 그 계획을 알 수가 없다. 하나님의 세계에는 영원히 그리고 한없이 뻗어가는 날개 안에 눈이 가득 들어 있다. 인간이 진리의 날개 속에 들어있는 신비스러운 하나님의 계획을 어찌 알겠는가?

섭리는 자신의 지식으로 추론할 뿐 그 이상은 불가능하다. 더구나 욕심과 정욕으로 뭉쳐진 인간이 하늘의 일을 어찌 알겠으며 말씀속에 숨겨진 비밀을 어떻게 분별하겠는가?

주님께서는 내가 땅의 일을 말해도 알지 못하겠거든 어떻게 하늘의 일을 알겠느냐? 고 말씀하셨다.

주님은 왜 하늘의 섭리를 날개 안에 감추어 두신 것일까?

그 이유는 무지한 인간들이 하늘의 지혜를 모독하지 않도록 배려하신 까닭이다.

 인간은 다만 욕심이 가득하여 뱀의 꾀임에 빠져 눈앞에 있는 먹기에 좋은 선악과를 먹는 빈약한 수준을 갖고 있을 뿐이다. 세상에서 슬기롭다고 여기거나 스스로 똑똑하다고 말하는 이들도 선악과를 먹고 있을 뿐이다.

 인간의 자연과학적 지식은 오히려 인간을 오만하게 만들어 하늘의 영역을 침범하고자 시도한다. 우리가 잘 아는 하늘의 창을 내겠다는 바벨탑 사건은 인간의 오만이 불러온 신성 모독이다. 결국 그들의 사상과 교리는 모두 흩어지는 신세가 되고 말았다.

 하나님은 인간이 더 이상 신성모독으로 침범하지 못하도록 생명나무 사이에 그룹을 배치하여 빙빙도는 화염검으로 생명나무의 실과를 먹지 못하도록 막으신다. 이를 절대로 허용하지 않으신다.

 더 이상 신성 모독으로 인한 형벌을 자초함으로 영원한 죽음에 빠지지 않도록 섭리하신다. 이를 다시 말하면 인간의 고집과 아집, 정욕으로 그분의 섭리의 신비 속에 들어가려는 것을 그룹이 막아주는 것이다. 그렇게 생명을 주시는 분,

구원하시는 분을 겸손하게 찾도록 하여 겸손한 신앙인이 되도록 인도하신다.

찬양

그들은 밤낮 쉬지 않고 거룩하다. 거룩하다. 거룩하다. 전능하신 주 하나님 전에 계시고 장차 오실 분이로다 하고 외치고 있다.

영원하신 분을 쉬지 않고 찬양하는 외침이다. 주님의 권능을 거룩이라는 말로 함축하여 외치고 있다.

주님은 졸지도 주무시지도 않는다. 낮이고 밤이고 쉬지 않을 수 있는 분이 과연 세상에 존재하겠는가?

그렇다면 그분은 전능한 분이다. 주님은 신성한 분이시며 신성은 말씀으로 드러난다. 그리고 그룹은 본질적 말씀 자체를 의미한다.

그러니까 말씀은 주님으로부터 도래하여 천사와 인간에게 내려오고 또한 천사와 인간을 주님께로 들어 올려준다.

이는 마치 자연계에 비가 하늘에서 내려와 땅을 적시고 만물에 생명을 주고는 다시 수증기가 되어 하늘로 올라가는 이치와 같다. 마찬가지로 말씀은 유한한 인간에게 주님의 뜻과 지혜를 밝히 알게 해주고 인간이 주님을 섬기고 예배할 수 있도록 인도해준다.

왜냐하면 인간이 주님 앞에 설 수 있는 것은 인간 스스로의 힘과 능력으로는 불가능하고 말씀 즉 진리로만 가능하다. 고로 말씀은 밤낮으로 쉬지 않는다.

그런데 천국에는 등불이 필요 없고 낮과 밤이 없는데 왜 밤낮이라는 용어를 사용했을까? 그 이유는 천국은 공간 개념이 아닌 상태의 나라이기 때문이다.

다시 말해서 그 나라에 들어가는 자들은 의심의 희미한 상태에서 확고한 명백한 상태로 진입하기 때문이다. 이것이 밤낮이다. 희미함과 명백함이 교차하는 것이다.

유한한 창조물은 언제나 명확함과 희미함이 상대적으로 교자하며 존재한다. 어느 존재도 변하지 않는 드높은 상태에 계속적으로 있을 수는 없다. 모든 인간 마음은 교차 상태를 지닌다.

이것이 밤과 낮이다. 그룹은 밤낮 쉬지 않는다고 했다. 이것이 주님께서 졸지도 주무시지도 않는다는 의미이다.

밤이든 낮이든지 간에 말씀의 원리 즉, 주님의 섭리는 언제나 활동한다. 그리고 영원한 선을 창조해낸다.

마치 토기장이가 원하는 그릇이 나오지 않을 때는 진흙을 버리지 않고 잘 이용해서 새로운 그릇을 만들듯이 비록 인간이 잘못되고 문제가 있더라도 주님은 선용하신다.

주님의 섭리의 목적은 구원이다.

그러므로 우리는 무슨 일을 하느냐? 어떤 성과를 이루느냐가 중요하지 않음을 알아야 한다. 중요한 것은 어떤 사람이 되느냐 이다. 어떤 상태를 유지하느냐 이다.

주님의 섭리에 순응하는 자는 진리로 인한 선한 상태를 이루고자 애써야 한다. 그러면 주님은 그를 인도하신다.

결국 악의 허용은 인간으로 하여금 깨닫도록 하시고자 하는 주님의 섭리이다. 고로 현명한 자들은 먼저 주님의 뜻을 깨닫고 열정적으로 진리의 세계를 향해 나가는 것이 유익하다.

네 생물은 쉬지 않고 이렇게 외친다. "거룩하다. 거룩하다. 거룩하다. 전능하신 주 하나님, 전에 계셨고 지금도 계시고 장차 오실 분이시다."

하나님은 거룩한 분이고 하나님의 영(The Spirit)은 거룩한 영이다(사40:25). 거룩함은 죄와는 반대되는 요소이다.

그러므로 인간이 지닌 거룩함은 모두 주님으로부터 주어진 것이다. 주님은 최악의 시험을 모두 정복하셨으므로 거룩의 원천이 되셨다. 거룩을 세번 외침은 완전을 의미한다. 즉, 가장 지극한 최상의 거룩을 뜻한다. 거룩, 거룩, 거룩은 세 이름은 사랑, 지혜, 권능을 의미한다. 사랑은 내면을 이루고 지혜는 삶을 이루며 권능은 그 결과를 나타낸다. 주님은 거룩한 신성으로 인간의 육신을 입고 인성을 거룩되게 하셨다.

이런 역사로 인해서 그분은 전에 계셨고 지금도 계시며 앞으로도 계시는 분이시다. 주님의 과거, 현재, 미래는 인간의 구원에 연관되는 모든 상태를 의미한다.

그러므로 인간은 주님께서 주신 거룩의 상태를 이루어야 하고 또한 거룩함을 주님께 돌려드려야 마땅하다. 거룩은 인간의 것이 아니기 때문이다.

서로 나누기

☞ 배운 것을 삶에 적용할 수 있도록 서로 나눠봅시다.

● **본래의 선**

 인간이 어려서부터 질서에 맞게 살면서 거듭남의 높은 수준에 도달하여 "본래의 선"에 이르면 가장 복된 일이다. 이 일은 천하 만민이 달성하려고 노력해야 하는 최고의 이상향이다.

 이렇게 되려면, 우리는 반드시 자기 속의 악한 경향성을 보고 악을 미워하고 그 성향이 꼼짝 못하게 얽어매야 한다. 그렇게 함으로 삶이 자연적 질서 뿐만 아니라 하늘의 질서 안에 있게 된다. 그리고 자연적 삶은 반드시 영으로 그 속을 채워야 한다. 잘못 행하는 일은 없어야 하지만 더불어 잘못된 생각과 느낌까지도 미워해야 한다.

● **생각해 보기** ●

– 사람을 죽인다는 것은 무엇을 의미하는가?
– 자아 사랑의 교리를 허용하시지 않는 이유는 무엇인가?
– 오늘날 행해지는 신성 모독의 예를 들어보라.
– 행함없는 믿음의 예를 들어 보라.
– 요한계시록에 나타난 그룹의 네 생물에 대해 설명해 보라.
– 신성모독에 대해 구체적으로 말해보라.
– 그룹과 섭리에 대해 설명해 보라.

내 떨떠름한 이상한 맛이 제거되기까지

내 떨떠름한 이상한 맛이 제거되기까지
나는 고통스러웠던 시간을 보내야만 했습니다.
처음, 그것은 양심에서부터 시작하였습니다.
나는 양심의 소리에 처절한 비애를 느껴야만 했습니다.
홀로 고통을 참아야만 했습니다.
그것은 선의 혁명을 위한 투쟁이었습니다.

진리의 빛이 들어오면서 내안에 변화가 감지되었습니다.
그 빛은 사정없이 내 안을 훼집어 놓았습니다.
정욕과 거짓의 껍질이 점차적으로 떨어져나갔습니다.
섬유조직이 새로운 가닥으로 짜여지고 동맥 속에 새 피가
들어오면서 이상한 맛을 내기 시작했습니다.
이로써 떫은 맛에서 새로운 맛으로 인도되었습니다.

아! 진리는 분명하고 명확한 것,
희미하게 보이던 것이 점차로 분명해졌습니다.
이제 내가 머물 곳은 천사들이 머무는 지혜의 세계입니다.

내 삶에 덜익은 떫은 맛이 사라지면서
달고 과즙이 풍성한 과실이 열립니다.
그리하여 하나님과 사람들을 이롭게 하는
선한 열매를 맺어갑니다.

− 참고도서 −

· 김홍찬. 『이노센스』, 한국상담심리연구원, 2002.
· 김홍찬. 『순진무구 수치심을 치유하다』, 한국상담심리연구원, 2016.
· 김홍찬. 『사람이란 무엇인가』, 한국상담심리연구원, 2015.
· 배제형. 『성경 상응 사전』, 도서 출판 벽옥,
· Swedenborg. 배제형, 역. 『천국의 비밀들』, 도서 출판 벽옥, 2018.
· Swedenborg. 정인보, 역. 『하나님의 섭리』, 좋은 땅, 2014.
· 김홍찬. 『김군의 마음 시리즈』, 한국상담심리연구원, 2017−2018.

김군의 마음, 섭리편

허용 법칙

1판 1쇄 인쇄일 2019년 2월 15일

지은이 김홍찬

발행인 김홍찬

펴낸곳 한국상담심리연구원 (www.kcounseling.com)

출판등록 제2-3041호(2000년 3월 20일)

주소 03767 서울시 서대문구 신촌로 215-2 전진빌딩3층

대표전화 ☎ 02)364-0413   FAX 02)362-6152

이메일 khc2052@hanmail.net

값 12,000원

ISBN 978-89-89171-28-7 (03230)

이 도서의 국립중앙도서관 출판예정도서목록(CIP)은 서지정

보유통지원시스템 홈페이지(http://seoji.nl.go.kr)와 국가자

료종합목록시스템(http://www.nl.go.kr/kolisnet)에서

이용하실 수 있습니다.